Vom Wesen der Illusion

Band 2

von Michael *Ackermann*

Bibliografische Information der Deutschen Nationalbibliothek:

Die Deutsche Nationalbibliothek verzeichnet diese Publikation in der Deutschen Nationalbibliografie. Detaillierte bibliografische Daten sind im Internet unter dnb.dnb.de abrufbar.

1. Auflage 2024

Verlag: BoD · Books on Demand GmbH, In de Tarpen 42, 22848 Norderstedt

Druck: Libri Plureos GmbH, Friedensallee 273, 22763 Hamburg

ISBN: 978-3-7597-5304-5

Vom Wesen der Illusion II

Inhaltsverzeichnis

Vorwort

Liebe Leserinnen und liebe Leser,

herzlich willkommen zum zweiten Band der Reihe "Vom Wesen der Illusion". Hoffentlich hat Band 1 Ihnen zahlreiche Denkanstöße und Anregungen geliefert. Da dieser gewissermaßen als Aufwärmübung oder Einführung gedient hat, wird Ihnen dringend empfohlen, falls Sie ihn noch nicht gelesen haben, damit zu beginnen. Im Gegensatz zu vielen Film-Fortsetzungen strebe ich an, mich hier deutlich zu steigern und Wiederholungen möglichst zu vermeiden.

Letztendlich ist alles, jede Wahrnehmung, Manifestation oder Emotion, eine Frage des Bewusstseins und damit, oh herrliche Stringtheorie, auch der Frequenz. Wie es bereits in den Smaragdtafeln heißt: "Wie im Inneren, so im Äußeren; wie oben, so unten."

Wie im letzten Buch bereits erwähnt wurde, kann eine Pflanze nur wachsen oder eingehen. Viele alte Prophezeiungen sprechen von einem Wandel in unserer heutigen Zeit. Von den Maya über Nostradamus bis hin zur Bibel und vielen weiteren Quellen finden sich ähnliche Vorhersagen.

Was wir alle bemerken, ist, dass die Zeit, *die relative*, ihre Schwingung extrem erhöht hat und auch die Erde dabei ist, ihre Frequenz zu steigern, um auf eine neue Bewusstseinsebene zu gelangen. Da wir uns jedoch auf dieser befinden, bleibt uns keine andere Wahl, als diese Frequenzerhöhung freiwillig oder unfreiwillig mitzuerleben.

Ein Beispiel hierfür sind die schnelleren Sequenzen, die wir in modernen Filmen und Videospielen sehen. Die Sprache wird ebenfalls viel flotter und wir nehmen Reize in einem rascheren Tempo auf und verarbeiten Informationen zügiger. Die Musik hat sich ebenfalls angepasst und die BPM (Beats per Minute) in vielen modernen Songs sind deutlich gestiegen, im Vergleich zu früher. All dies deutet auf eine Erhöhung der Schwingungsfrequenz hin, die unsere Wahrnehmung und unser Bewusstsein beeinflusst.

Was wäre, wenn manche Menschen einen Anstieg ihrer inneren Schwingung oder ihres persönlichen Wachstums nicht ertragen könnten oder das Gefühl hätten, dies nicht zu überleben? Würden solche Personen sich dann nicht mit allen Mitteln gegen diese Veränderung wehren, weil es für sie vermeintlich das Ende ihrer vertrauten Komfortzone bedeuten würde? Vielleicht empfinden diese die Anpassung als Bedrohung, weil sie das Gefühl von Kontrolle oder Abhängigkeit auflöst, das ihnen bisher Sicherheit gegeben hat.

Stellen Sie sich bitte vor, Sie fahren mit 70 km/h auf der Autobahn und ein Lkw fährt mit 80 km/h in Ihr Fahrzeug hinein. Es würde Sie durchschütteln, Ihr Auto verbeulen und Ihnen einen tiefen Schrecken einjagen, aber Sie würden den Unfall vermutlich überleben. Doch erdenken Sie sich nun, Sie stehen am Stauende auf der Autobahn und ein 7,5-Tonner rast mit 80 km/h ungebremst in Ihr Fahrzeug hinein. Würden Sie das ebenfalls überleben? Vermutlich nicht.

Genauso wie dieser ungebremste Aufprall, der katastrophal erscheint, kann sich persönliches Wachstum manchmal anfühlen – als ob es das Ende des Bekannten bedeutet und man nicht sicher ist, ob man es unbeschadet überstehen wird. Doch der Unterschied ist, dass Wachstum nicht zerstörerisch ist, sondern befreiend. Es durchbricht die Grenzen der Komfortzone und eröffnet neue Möglichkeiten, auch wenn der Prozess zunächst erschütternd und turbulent sein mag.

Es freut mich von Herzen, dass Sie sich trotz gewisser Unsicherheiten und Widerstände für Ihr weiteres Wachstum entschieden haben – ein Entschluss, der keineswegs selbstverständlich ist. Vielleicht liegt es daran, wie wir erzogen wurden, dass das Verlassen der Komfortzone eventuell so bedrohlich erscheint.

Interessanterweise stammt das Wort „Erziehen" aus dem Lateinischen „educare", was so viel bedeutet wie „herausziehen". Doch kann es sein, dass unser heutiges Verständnis von Erziehung diese ursprüngliche Bedeutung verloren hat? Statt der Talente herauszuziehen, wird der Schüler oft unbewusst und fahrlässig „geleert" – gefüllt mit vorgefertigten Vorstellungen, anstatt sein eigenes Potenzial zu entfalten.

Auch das Wort „Ausbildung" lässt sich in diesem Kontext hinterfragen. Es bedeutet „herausbilden" oder „formen". Doch nach welchem Bilde werden wir geformt? Wer entscheidet, welche Richtung unser Wachstum einnimmt? Diese Fragen sind entscheidend, wenn es darum geht, unseren eigenen Weg zu finden und uns nicht von den Begrenzungen der alten Muster festhalten zu lassen.

Hoffentlich wird Ihnen diese Lektüre erneut wertvolle Denkanstöße und Informationen liefern. Lassen Sie uns das Wort "Information" etwas genauer beleuchten: Es bedeutet "in Formation bringen", also etwas wieder zurechtrücken.

"Selbstverständlich" ist irgendwie ein komisches Wort und in unserer Wahrnehmung und Verwendung im Sprachgebrauch vielleicht wenig treffend belegt. Eigentlich sollte es so viel wie "selbsterklärend" bedeuten und nicht so etwas wie "unbewusst akzeptiert".

Vieles ist nämlich gar nicht so selbstverständlich, wie wir es erwarten oder gewohnt sind. Fließendes Wasser, permanente Elektrizität aus der Steckdose, die Informationsübertragung durch Funk- oder Satellitenwellen, unsere Computertechnik oder unsere Sinne wie Gehör und Augen – all das sind Dinge, an die wir uns so sehr gewöhnt haben, dass sie für uns selbstverständlich sind.

Aber haben Sie wirklich verstanden, wie diese funktionieren? Wenn ich ganz offen und ehrlich bin, liebe Leserinnen und Leser: Ich habe das nicht in vollem Umfang!

Betrachten wir kurz unser lebensspendendes Wasser, unser Lebenselixier. Unser Körper besteht zu mindestens 70 % aus dieser Flüssigkeit, unser Gehirn aus 85 % und wir sollten täglich mindestens 2 Liter reines, sauberes Wasser zu uns nehmen. Das nasse Element hat eine Erinnerungsfunktion; hierzu können Sie sich gerne die Erkenntnisse von Masaru Emoto zu Gemüte führen. Somit ist es das größte lebende Wesen auf unserem Planeten. Zudem hat es eine besondere Eigenschaft, die es von fast allen anderen Flüssigkeiten unterscheidet.

Normalerweise dehnen sich Stoffe aus, wenn sie heißer und ziehen sich zusammen, wenn sie kühler werden. Dies liegt daran, dass die Atome stärker schwingen und mehr Platz brauchen, wenn es wärmer ist. Wasser hingegen hat sein kleinstes Volumen bei 4 Grad Celsius und damit seine größte Dichte. Erhöht sich die Temperatur, dehnt es sich aus, verringert sich die Temperatur, macht es das ebenfalls. Dieses nicht normale thermische Verhalten nennt man die Anomalie des Wassers.

Es ist bei uns üblich, dass fließendes Wasser täglich wie selbstverständlich aus den Leitungen strömt – etwas, wofür man durchaus dankbar sein kann. Doch das, was als selbstverständlich betrachtet wird, ist möglicherweise eher eine unbewusste Akzeptanz als ein wirkliches Verständnis. Wäre es tatsächlich tiefgründig verstanden, wäre es auch selbsterklärend.

Viele Leser haben das Kapitel über Physik im letzten Buch möglicherweise mit etwas weniger Enthusiasmus gelesen als andere Themen. In dieser Ausgabe wird die Bandbreite jedoch erweitert und einige der bereits behandelten Themen werden ruhen gelassen. Daher können Sie sich freuen, denn das Thema Physik wurde bereits im letzten Band ausführlich beleuchtet, sodass es nun Raum für andere Schwerpunkte gibt.

Nichtsdestotrotz soll an dieser Stelle der Energieerhaltungssatz kurz erwähnt werden. Diese Gleichung besagt, dass Energie in einem geschlossenen System stets erhalten bleibt – sie kann lediglich von einem Zustand in den anderen transformiert werden.

Bei unserem aktuellen Stand der Technik wird diese Energie meistens in Wärme umgewandelt, die wir dann nicht mehr zurückverwandeln können und die für uns dann als „verloren" gilt. Das ist sie vermutlich aber nicht.

Hier ist die komplizierte Ausführung von Wikipedia: "Der Energieerhaltungssatz drückt die Erfahrungstatsache aus, dass die Energie eine Erhaltungsgröße ist, dass also die Gesamtenergie eines abgeschlossenen Systems sich nicht mit der Zeit ändert. Energie kann zwischen verschiedenen Energieformen umgewandelt werden, beispielsweise von Bewegungsenergie in Wärmeenergie. Außerdem kann sie aus einem System heraus oder in ein System hinein transportiert werden, es ist jedoch nicht möglich, Energie zu erzeugen oder zu vernichten. Die Energieerhaltung gilt als wichtiges Prinzip aller Naturwissenschaften."

Dann gibt es die Religionen, die ein Leben nach dem Tod predigen oder die Reinkarnation als essenziellen Kreislauf des Universums betrachten. Der Energieerhaltungssatz zeigt, dass Energie weder erschaffen noch vernichtet werden kann, sondern immer vorhanden ist. Diese Idee könnte auf die Seele übertragen werden – als eine Form von Energie, die ewig existiert. Egal, ob man dem Weg der Naturwissenschaften oder dem Pfad der Spiritualität folgt, beide führen letztlich zu einem ähnlichen Ergebnis: Die Kontinuität von Energie oder der Seele, bleibt bestehen und ist ewig.

Und welche Begriffe Sie für sich wählen, ob Seele, Energie, Gott, Universum, Äther und viele mehr, hängt einzig von den auf Ihrer Festplatte des Unterbewusstseins gespeicherten Glaubenssätzen ab. Dabei handelt es sich letztlich nur um Worte; jeder Mensch verknüpft damit eine individuelle Emotion (Energy in Motion, Energie in Bewegung) und entwickelt so eine eigene Beziehung zu diesen Begriffen. Schauen Sie sich hierzu gerne die „Matrix"-Filme an, zum Beispiel die Szene, in der Neo in der U-Bahn-Station gefangen ist. Im späteren Buchverlauf wird Neo noch einmal erwähnt werden.

Daher verwende ich ab und zu gerne die englische Sprache, da diese in meinen neuronalen Mustern oder meiner „Nervenautobahn" bisher weniger benötigt wurde und folglich mit weniger Emotionen verknüpft ist. Somit kann ich bewusst durch die Wahl einer anderen Sprache aus meinen bisherigen emotionalen Mustern ausbrechen, sofern mir diese bekannt sind. Daher ist es keineswegs arrogant oder besserwisserisch gemeint, wenn diese gelegentlich angeführt oder verwendet wird. Da fällt mir doch direkt "Nowhere" ein, also „Nirgendwo" auf Deutsch.

Da wir im ersten Band bereits herausfinden durften, dass die Zeit, sagen wir, ihre Eigenheiten besitzt und vermutlich nur das *JETZT* und *HIER* relevant sind. "Now" heißt jetzt und "here" heißt hier – "jetzt", "hier". „Nicht Irgendwo".

Diese Begriffe betonen den Moment und den Ort, die tatsächlich gegenwärtig sind – „jetzt" und „hier". Sie stehen im Gegensatz zu einem Zustand des Verschiebens oder Wünschens „irgendwo" oder „irgendwann". In der spirituellen Literatur, wie zum Beispiel in Neale Donald Walsch's „Gespräche mit Gott", wird oft darauf hingewiesen, dass die wahre Realität nur im gegenwärtigen Moment existiert.

Walsch beschreibt, wie Menschen häufig dazu neigen, sich mit der Vergangenheit oder der Zukunft zu beschäftigen und dabei den gegenwärtigen Moment aus den Augen verlieren. Dies führt oft zu Gefühlen der Unzufriedenheit oder des Mangels.

In den „Gesprächen" wird betont, dass das Leben in seiner vollen Tiefe und Schönheit nur im „Hier","und Jetzt" erfahren werden kann. Es wird darauf hingewiesen, dass wir durch das Erkennen und Annehmen des gegenwärtigen Moments die Verbindung zu unserer wahren Essenz und zu einer höheren Realität finden können.

Indem wir uns auf das „Jetzt" konzentrieren und uns bewusst in unserem „Hier" verankern, können wir die eigene Wahrnehmung erweitern und ein reichhaltigeres Leben führen, frei von der ständigen Suche nach Erfüllung in der Zukunft oder der permanenten Rückschau auf die Vergangenheit.

Also ist das doch ein guter Hinweis, dass, wenn unser Geist wieder im *Nirgendwo* ist, wir uns das *jetzt* bewusst machen. Und wenn wir dies vergessen, gehen wir eben ins *Hier* und sind damit automatisch im *Jetzt*. „Oh je, jetzt habe ich am Anfang schon alle „hier" und „jetzt" vom gesamten Text verwendet. Was mache ich jetzt?"

Liebe Leserinnen und Leser, manchmal sehe ich mich genötigt, mich als die Aufsicht des Osterhasen zu betrachten – jenes Säugetier, das Eier legt. Damit die ganzen Schätze, die er vergraben hat, auch wieder gefunden werden und nicht verkommen, möchte ich meine Mitmenschen, die den gleichen Weg gehen, auf das ein oder andere verborgene Versteck hinweisen. Wobei ich mir ebenfalls und das habe ich im ersten Buch bereits erwähnt, nun in keinstem Falle anmaße, auch nur die berüchtigten Schneeflocken auf der Spitze des Eisberges zu erkennen oder zu durchschauen.

Aus rechtlichen Gründen wird erneut darauf hingewiesen, dass alle in diesem Band enthaltenen Inhalte rein fiktiv sind und auf keinen nachweisbaren Tatsachen basieren. Es werden keinerlei Empfehlungen für Handlungen oder Verhaltensweisen ausgesprochen und es wird keine Haftung für etwaige Folgen übernommen. Zudem wird sich ausdrücklich von jeglicher Feindseligkeit gegenüber Ethnien, Religionen, Nationen, Kulturen oder Weltanschauungen distanziert. Ähnlichkeiten mit realen Personen, Ereignissen oder Gegebenheiten sind rein zufällig und unbeabsichtigt.

Das Universum macht immer alles richtig, aber nicht so, wie Sie es vielleicht für richtig halten. Hier ist wieder unser begrenzter Radarschirm oder unsere beschränkte Wahrnehmung zu nennen. Oft glauben wir, dass der „eine" Weg der richtige für uns ist oder zu Ergebnissen führt. Doch das Universum manifestiert uns diese manchmal auf völlig unerwartete und unvorhergesehene Weise. Auf einem Weg, den wir uns in keiner Form zuvor haben vorstellen können. Fast täglich erlebe ich solche Momente, die mich zum Schmunzeln bringen und ich muss dabei regelmäßig meinen „Affengeist" zähmen. Dieser Begriff beschreibt den unruhigen, „chattering mind" –

die ständigen, oft störenden Gedanken, die uns ablenken und unsere Konzentration rauben. Vielleicht stammt daher auch der biblische Ausspruch: „Gottes Wege sind sonderbar."

Es muss leider festgestellt werden: Das Universum handelt nicht wie eine Mutter. Wenn es einem schlecht geht, bietet es nicht automatisch Lösungen oder Trost. Stattdessen spiegelt es oft die aktuellen Gefühle wider und bringt mehr von dem, was bereits negativ ist. Wenn man sich schlecht fühlt, kommt es zu weiteren unangenehmen Erfahrungen, die diese negative Spirale verstärken. Dies geht so lange, bis man bereit ist, die Perspektive zu wechseln oder einen neuen Weg einzuschlagen.

Und dabei geht es nicht darum, mal kurz auf eine höhere Ebene aufzusteigen und dann gleich wieder innerhalb der nächsten 5 Minuten abzufallen, sondern das Ziel ist, dauerhaft auf dieser höheren Stufe zu bleiben. Wenn Sie sich ständig gut fühlen, wird das Universum permanent Umstände in Ihr Leben bringen, die Sie sich gut fühlen lassen. Hier sind die Ebenen:

1. **Freude/Wissen/Macht/Freiheit/Liebe/Wertschätzung**
   Diese höchsten Emotionen sind geprägt von einem tiefen Gefühl der Erfüllung und des Wohlbefindens.

2. **Leidenschaft**
   Tiefe Begeisterung und Engagement für etwas, das einem wichtig ist.

3. **Begeisterung/Hingabe/glücklich sein**
   Intensive Freude und Engagement, die zu einem hohen Gefühl von Glück führen.

4. **Positive Erwartung/Glaube**
   Ein Zustand des Vertrauens und der positiven Erwartung hinsichtlich der Zukunft.

5. **Optimismus**
   Ein positiver Ausblick auf die Zukunft, geprägt von
   Zuversicht.

6. **Hoffnung**
   Ein Zustand des Optimismus und der Erwartung, dass die
   Dinge besser werden.

7. **Zufriedenheit**
   Ein Gefühl der inneren Ruhe und der Akzeptanz der gegenwärtigen Situation.

8. **Langeweile**
   Ein Zustand des Desinteresses oder der Unzufriedenheit
   durch Mangel an Stimulation.

9. **Frustration/Irritation/Ungeduld**
   Emotionen, die durch Verzögerungen oder kleinere Probleme verursacht werden.

10. **Enttäuschung**
    Gefühle des Unbehagens, wenn die Dinge nicht wie er-
    wartet laufen.

11. **Zweifel**
    Unsicherheit über Entscheidungen oder Fähigkeiten.

12. **Sorge**
    Übermäßige Gedanken an mögliche Probleme oder
    Gefahren.

13. **Entmündigung**
    Gefühle der Ohnmacht oder mangelnder Kontrolle über das
    eigene Leben.

14. **Vorwürfe/Schuldzuweisungen gegen andere**
    Das Verhalten, andere für eigene Probleme verantwortlich zu
    machen.

15. **Unsicherheit/Schuldgefühle/Minderwertigkeitsgefühle**
    Emotionen, die durch Selbstzweifel oder Schuld geprägt sind.

16. **Neid/Eifersucht**
    Missgunst oder Unzufriedenheit über das, was andere haben.

17. **Hass/rasender Zorn**
    Intensive Wut und Feindseligkeit.

18. **Furcht/Trauer/Depression/Verzweiflung/Ohnmacht**
    Die extremsten negativen Emotionen, oft verbunden mit tiefem Leid und Hilflosigkeit.

(Quellenangabe: Liste ist aus Esther und Jerry Hicks, "Wunscherfüllung", ISBN: 978-3-548-744223)

Wenn Sie einen Gedanken mindestens 17 Sekunden lang in Ihrem Bewusstsein gehalten haben, zieht dieser automatisch ähnliche Gedanken, die auf derselben Ebene sind, an. Das wurde bereits im letzten Band erwähnt.

Bitte nehmen Sie zur Kenntnis oder berücksichtigen Sie, dass ein Autor nicht immer alles so schreiben kann, wie er möchte und dass das „Gesagte" beim Leser nicht immer richtig ankommt. Oder die Worte bzw. das, was der Autor ausdrücken möchte, werden durch Übersetzungen verändert.

Ebenfalls wird geraten, diese Buchreihe sowie die empfohlenen Dokumentationen und Bücher mehrfach zu lesen bzw. anzusehen. Sogar beim hundertsten Mal Hören, Lesen oder Sehen desselben Audiobuchs, derselben Publikation oder Dokumentation werden Sie jedes Mal etwas Neues entdecken. Dies fällt unter den englischen Begriff „spaced repetition", was „verteilte Wiederholung" bedeutet. Ähnlich wie körperliches Training, wo regelmäßige Übungen nötig sind, um Fortschritte zu erzielen, profitieren wir auch von der kontinuierlichen Auseinandersetzung mit Inhalten. Durch das wiederholte Durcharbeiten und Vertiefen von Informationen entwickeln wir ein besseres Verständnis und ein umfassenderes Bewusstsein. So wie im Training körperliche Stärke und Geschicklichkeit wachsen, so führt auch die regelmäßige Bearbeitung von Inhalten zu einer Vertiefung des Wissens und einer Verbesserung der Fähigkeiten.

Außerdem möchte ich mich für jegliche Rechtschreib- oder Grammatikfehler im ersten oder gegebenenfalls auch in diesem Band entschuldigen. Als Autor wird man gegenüber der eigenen Arbeit leider teilweise manchmal betriebsblind und auch ein Korrektor kann gelegentlich etwas übersehen. Berücksichtigen Sie bitte, dass auch ein Autor seine blinden Flecken hat. Ich bitte dafür um Verständnis.

Sollten Sie das Hörbuch von Band 1 gehört haben, dann sind die Wörter, bei denen ich eine längere Pause einhalte oder die ich etwas versetzt spreche, Begriffe, die im Buch in Anführungszeichen geschrieben sind. Das Tonstudio meinte, ich solle mit den Pausen arbeiten.

Meine Intuition wollte die Anführungszeichen aussprechen und wie bereits im ersten Band empfohlen, wäre es doch ratsam, auf seine Intuition zu hören. Sie sehen, ich bin auf ähnlichen Wegpfaden und ab und zu gibt es eben die ein oder andere Schleife oder vermeintliche Umwege. Da Band 1 vollständig überarbeitet wurde, wird auch das dazugehörige Hörbuch neu produziert. Ein genaues Datum dafür steht allerdings noch nicht fest.

Ebenfalls gilt es hier zu erwähnen, zumindest war es bei mir so, dass ich als Kind sehr gerne gelesen habe. Dies änderte sich jedoch seltsamerweise während der Gymnasialzeit und hielt lange Zeit an. Ich könnte mir vorstellen – aber das sind nur Vermutungen –, dass einem durch den "Zwang", die Schulliteratur zu wälzen, das Lesen abgewöhnt wird und manche Menschen vielleicht nie wieder anfangen, Bücher zu lesen oder sich weiterzubilden.

Hier ist anzumerken, dass Autoren oft eine große Menge an Wissen in ihren Texten verpacken, welches beim ersten Lesen vielleicht nicht vollständig erfasst wird. Daher ist es ratsam, Sachbücher auch ein zweites, drittes oder sogar zehntes Mal zu lesen. Bei jeder erneuten Lektüre befinden Sie sich auf einer neuen Bewusstseinsebene und können daher noch mehr an Informationen wahr- oder aufnehmen. Manche Aussagen werden eventuell erst zu einem späteren Zeitpunkt für Sie verständlich, insbesondere, wenn Sie die entsprechenden Bilder oder den nötigen Kontext dazu gesehen haben.

Manche Details und Konzepte in einem Buch können wie „Samen" betrachtet werden, die erst zu einem späteren Zeitpunkt aufgehen. Beim ersten Lesen mag der vollständige Sinn dieser Samen noch nicht klar sein. Vielleicht sind diese noch nicht bereit zu keimen oder Sie benötigen zusätzliche Informationen und Erfahrungen, um deren volle Bedeutung zu erkennen. Wenn Sie später zurückkehren, um das Buch erneut zu studieren, könnten diese einst „versteckten" Ideen klarer werden oder sich erst entfalten. Der zusätzliche Kontext oder die neuen Einsichten, die Sie seit dem letzten Lesen gewonnen haben, können dazu beitragen, dass diese Ideen und Konzepte für Sie nun mehr Sinn ergeben.

Aber lassen Sie uns jetzt starten!

Vom Wesen der Psychologie

Viele von Ihnen haben bereits von der Maslowschen Bedürfnispyramide oder der Bedürfnishierarchie gehört. Abraham Maslow (1908-1970) beschreibt damit auf vereinfachte Weise menschliche Bedürfnisse, Motivationen und damit einhergehende Verhaltensweisen.

Die *erste* Ebene oder Stufe dieser Pyramide ist die Befriedigung physiologischer Bedürfnisse, also von Grundbedürfnissen wie Schlafen, Nahrung und Fortpflanzung.

Die *zweite* Ebene betrifft die Befriedigung von Sicherheitsbedürfnissen wie einem sicheren Wohnraum und einem verlässlichen Einkommen.

Die *dritte* Ebene bezieht sich auf die Erfüllung sozialer Bedürfnisse wie Freundschaften, Liebe, Partnerschaft und Zugehörigkeit.

Die *vierte* Ebene umfasst individuelle Bedürfnisse wie Anerkennung, Status und Wertschätzung.

Die *fünfte* Ebene ist letztlich die der Selbstverwirklichung. Bei den Stufen 1-4 spricht Maslow von Defizitbedürfnissen oder essenziellen Bedürfnissen und bei der Stufe fünf von Wachstumsbedürfnissen. Warum dies gleich wichtig wird, erkennen Sie auf den nächsten Seiten.

Natürlich definiert jede Person für sich selbst, welchen Umfang das jeweilige Bedürfnis einnimmt. Oder, um es treffender auszudrücken, jeder definiert für sich selbst, was gutes Essen, ein angemessenes Zuhause, eine passende Arbeit, ein entsprechendes Gehalt und so weiter sind.

Dies hängt aber auch immer vom Umfeld ab, in dem wir aufgewachsen sind, von unserem "Stallgeruch" sozusagen. Das meinte ich unter anderem im ersten Band mit der Festplatte (unserem Unterbewusst-

13

sein), die ihre Programme ausführt, ohne dass wir bewusst Einfluss darauf nehmen können.

Ein anderes passendes Bild, das ebenfalls im ersten Band Erwähnung fand, ist unser Weinglas – oder nennen wir es schlicht unser Gefäß. Während unserer Kindheit, sagen wir bis zum Alter von fünf Jahren, hatten wir nur wenig eigene Persönlichkeit entwickelt.

Unser Gefäß war nahezu leer oder anders gesagt, unsere Festplatte war formatiert. Da wir noch kein Ich-Bewusstsein entwickelt hatten, konnten wir damals nicht unterscheiden, was wirklich positiv und was negativ für uns ist und was wir besser nicht in unser Gefäß lassen oder auf unserer Festplatte installieren sollten. Wir besaßen sozusagen kein Antivirenprogramm.

Anders ausgedrückt: Wir wussten einfach nicht, was förderlich für uns ist. Diese Programme bestanden oder bestehen größtenteils aus Glaubenssätzen und Verhaltensmustern unseres Umfeldes, hauptsächlich unserer Eltern und Verwandten. Später kamen dann Einflüsse von Erziehern hinzu und schließlich von unseren Lehrern, Jugendfreunden und vielen anderen.

In meinen Augen ist eine viel bedeutendere Pyramide die emotionale Bedürfnispyramide, die von Tony Robbins übernommen und weiterentwickelt wurde. Diese besteht aus sechs Ebenen: Die *erste* Ebene umfasst Sicherheit, die *zweite* Unsicherheit, die *dritte* Bedeutsamkeit, die *vierte* Liebe oder Zugehörigkeit, die *fünfte* Wachstum und die *sechste* Beitrag. Sobald vier dieser Ebenen mit hoher Emotionalität angesprochen werden, besteht ein immenses Potenzial zur Abhängigkeit.

Im letzten Band wurden die Pendel erwähnt, auch als Egregore bekannt. „Ein Egregor (alternative Schreibweisen: Eggregore, Egregora) ist in einigen okkulten Lehren eine durch menschliche Gedanken oder Willenskraft geschaffene metaphysische Wesenheit oder ein Trugbild im Gegensatz zu Wesen, die als von Gott geschaffen angesehen werden. Der Begriff Egregor wird als westliches Pendant zum tibetischen Begriff Tulpa verwendet." (Wikipedia)

Diese benötigen, um zu überleben, Energie, wie jedes Lebewesen auf dieser Erde. Aber zurück zur emotionalen Bedürfnispyramide. Nehmen wir als erstes Beispiel eine Studentenverbindung. Das Mitglied hat die Sicherheit, zum Beispiel für 300 € pro Monat, ein schönes Zimmer in einem luxuriösen Heim zu erhalten. Gleichzeitig besteht die Unsicherheit, wie das Leben in der Verbindung sein wird, wie das Studium verläuft und vieles mehr.

Gerade bei schlagenden Verbindungen, die den Fechtkampf praktizieren und ein regelmäßiges Training absolvieren, besteht logischerweise eine erhöhte Unsicherheit. Gleichzeitig erhalten die Mitglieder Bedeutung, indem sie die entsprechenden Farben tragen und durch Engagement oder Talent gute Leistungen vollbringen, wofür sie dann in besonderer Form ausgezeichnet oder honoriert werden. Dadurch bekommen sie Anerkennung, Bedeutung und Zugehörigkeit.

Wenn alle vier Punkte mit der Psychologie der Ableistung eines Lebenseides und allem was dazugehört abgearbeitet wurden, bleiben die Studenten oft ein Leben lang in dieser Verbindung.

Oder nehmen wir das Fußballstadion. Hier haben wir die Sicherheit der eigenen Tribüne oder Loge mit Kameraden, die sich alle wohlgesonnen sind und sich freuen, die Lieblings-Mannschaft zu beobachten. Gleichzeitig weiß man natürlich nicht, was die gegnerische Mannschaft macht und wie sich das Spielgeschehen entwickeln wird, geschweige denn, wie sich die anderen Fans verhalten werden.

Hier als kleiner Exkurs: "Fan" kommt von "fanatisch". "Fanatismus im engeren Sinn ist durch das unbedingte Festhalten an der betreffenden Vorstellung und meistens durch Intoleranz gegenüber jeder abweichenden Meinung gekennzeichnet.

Der Fanatiker will häufig andere von seinen Ansichten überzeugen ("missionarischer Eifer"), lässt jedoch keinerlei Zweifel an der Richtigkeit und dem besonderen Wert seiner Überzeugungen zu. Vielmehr verteidigt er sie gegen jede Infragestellung und ist dabei einer vernünftigen Argumentation nicht zugänglich. Die betreffende Vorstellung ist seinem kritischen Denken bzw. Reflexionsvermögen entzogen. Damit verbundene negative Konsequenzen für sich selbst oder andere werden als solche nicht erkannt bzw. nicht anerkannt." (Wikipedia)

Irgendwie habe ich mich bei dieser Definition selbst angesprochen gefühlt. Daher hoffe ich, Sie hier nicht fanatisch von meinen Denkweisen oder Ansichten überzeugen zu wollen. Dennoch möchte ich gerne zum selbstständigen Denken anregen. Durch das Verfassen eines oder mehrerer Bücher kann jeder den metaphorischen Elefanten in genau dem für ihn oder sie angemessenen Tempo verspeisen. Sie erinnern sich an das Schlusswort in Band 1?

Ich kenne das auch so: Seit vielen Jahren stehen angefangene oder unfertig gelesene Bücher im Regal und wenn diese dann wieder zur Hand genommen und beendet wurden, denke ich oft: "Warum hast du das Wissen und die ganzen Dinge darin nicht bereits längst gelernt und umgesetzt?" Manchmal ist eben noch nicht die richtige Zeit.

Daher ein Rat: "Zwingen Sie anderen nicht die *rote Pille* auf." Aus dem Film "Die Matrix" wissen wir, dass, wenn Neo die blaue Pille nimmt, alles beim Alten bleibt. Da Sie dieses Buch, sogar Band 2, in den Händen halten, heiße ich Sie herzlich im Club der roten Pillen willkommen! "We are all mad here" – "Wir sind hier alle verrückt." „Aber wir werden auch die Welt verrücken!"

Aber lassen Sie uns wieder ins Stadion zurückkehren. Es wird herumgebrüllt und gegrölt und je lauter man ist, desto bedeutungsvoller fühlt man sich. Gleichzeitig trägt man von Kopf bis Fuß die Farben der favorisierten Mannschaft, am besten noch das ganze Gesicht bemalt und erfährt damit Liebe und Zugehörigkeit. Und wieder wurden vier emotionale Bedürfnisse mit hoher Intensität bedient.

Gehen wir weiter zu den Computerspielen. Man hat die Sicherheit seines geborgenen, warmen Zuhauses und gleichzeitig die Unsicherheit im Spiel, weil um die nächste Ecke schon ein weiterer Gegner lauern könnte und man nicht weiß, wie dieser reagiert – bei Ego-Shootern wird er auf einen schießen. Daraufhin folgt das Thema Bedeutsamkeit: Wenn man gut im Spiel ist, steht man auf der Rangliste ganz oben und erhält dementsprechend positive Resonanz. Und weil man gut im Spiel ist, möchten andere gerne im selben Team sein, wodurch man Liebe und Zugehörigkeit erfährt. Wieder werden vier emotionale Bedürfnisse mit hoher Intensität bedient, was wiederum extremes Potenzial für Abhängigkeit schafft. Das Gleiche gilt für die Arbeit, Fernsehserien, Kinofilme oder Beziehungen – eigentlich für fast alles im Alltag.

Oder nehmen wir das Thema Drogenkonsum, wie Alkohol oder Cannabis. Man befindet sich im Umfeld seiner vermeintlichen Freunde oder Bekannten (Sicherheit) und konsumiert eine Droge, was als unsicher eingestuft werden kann. Dabei erfährt man Freude, Anerkennung von der Clique und vor allem Zugehörigkeit. Beim Thema Suchtmittel spielt jedoch nicht nur die psychologische, sondern auch die körperliche Ebene eine große Rolle.

Interessanterweise herrscht hier ein Ungleichgewicht in der Wahrnehmung. Während der Konsum von Koffein und sogar Alkohol oft als etwas Positives wahrgenommen wird und manche Menschen sogar stolz auf ihren Konsum sind, werden andere Substanzen gesellschaftlich stark geächtet. Auch Zucker, Nikotin und Koffein sind genau genommen Drogen und haben ein starkes Abhängigkeitspotential. Doch während es völlig in Ordnung ist, bei der Arbeit zu rauchen, Kaffee zu trinken oder einen Schokoriegel zu essen, wird der Konsum anderer Substanzen scharf verurteilt. Vielleicht zu Recht?

Nun, die fünfte Stufe der emotionalen Bedürfnispyramide sowie der von Maslow ist die des Wachstums. Um dorthin zu gelangen, bedarf es der Bewusstwerdung und der Meisterschaft der unteren vier Stufen. Die sechste Stufe des Beitrags sehen wir dann bei vielen erfolgreichen Menschen, die, nachdem sie die anderen Stufen "gemeistert" haben, als Philanthropen tätig werden.

Unter Philanthropie (altgriechisch: philos "Freund" und anthropos "Mensch") versteht man ein menschenfreundliches Denken und Verhalten. Als Motiv wird manchmal eine die gesamte Menschheit umfassende Liebe genannt, die "allgemeine Menschenliebe". Materiell äußert sich diese Einstellung in der Förderung Unterstützungsbedürftiger, die nicht zum Kreis der Verwandten und Freunde des Philanthropen gehören oder von Einrichtungen, die dem Gemeinwohl dienen. Das Bild der Philanthropie wird vor allem durch groß angelegte Aktionen sehr reicher Personen geprägt. Ob das vielleicht teilweise psychologische Operationen oder Ähnliches sind? Aber dazu später mehr.

Meine Erfahrung mit Philanthropen oder denen, die sich als solche bezeichnen, würde ich als vielfältig beschreiben. Da der Geldwert oft dem Selbstwert entspricht, "wie innen, so außen" (Smaragdtafeln) und dementsprechend meiner Meinung nach größtenteils vom Ego abgelöst ist oder sein sollte, hat ein wirklicher Philanthrop es, meiner Ansicht nach, nicht nötig, dies großartig zu kommunizieren.

Er würde auch über sein Vermögen Stillschweigen bewahren. Wenn Ihnen gegenüber nun jemand sich als ein solcher ausgibt und Sie auf sein Level heben möchte, würde ich dessen Beweggründe genauer erkunden. Auffällig ist auch, dass jene Personen zwar relativ schnell über die Höhe ihres vermeintlichen Vermögens sprechen, aber wenn es um Investitionen geht, anderen lieber den Vortritt lassen.

Nachdem die anderen dann in Vorleistung gegangen sind und irgendwann selbst auf Kommunikation oder Unterstützung angewiesen wären, werden plötzlich Symptome oder Krankheiten als Ausreden vorgeschoben. Dies wirft die Frage auf, wie zuverlässig solche Beziehungen wirklich sind. Besonders im Hinblick auf Menschen, die sich als Philanthropen darstellen, könnte es fraglich sein, ob da nicht ein verzerrtes Selbstbild oder eine falsche Selbstwahrnehmung besteht.

Oft stellt sich ebenfalls die Frage, ob ihre Großzügigkeit wirklich authentisch ist oder ob sie einer tieferen, egozentrischen Motivation entspringt.

Da die erste Stufe der Pyramide die größte ist, weil sie das Fundament bildet und wir als Babys oder Kleinkinder extrem lange vor allem von unseren Müttern abhängig sind, sollte jetzt klar werden, warum wir uns so sehr bemühen, gemocht zu werden. Wären wir in den ersten beiden Lebensjahren abgelehnt worden, hätte dies schlicht und ergreifend zu Beeinträchtigungen in der Versorgung bis sogar zu unserem Tod geführt.

Stellen Sie sich nun bitte vor, dass die Ressourcen auf der Erde begrenzt sind und eine weit größere Nachfrage von Energie, Wasser bzw. Seelen besteht – oder welchen Begriff auch immer Sie verwenden möchten. Da die Seelen in diesem Szenario Schlange stehen, um auf Gaia inkarnieren zu können und dazu auch die spirituelle Zustimmung der "Eltern" erforderlich ist, haben diese Energien tausendfach Ablehnung erfahren. "Möchtest du meine Mutter auf Mutter Erde sein?" Antwort: "Nein." "Möchtest du mein Vater auf Mutter Erde sein?" Antwort: "Nein." Dies wiederholt sich, bis die Möglichkeit besteht, hier inkarniert oder geboren zu werden.

Sie sehen, wie tief Sicherheitsbedenken in unserem Wesen verwurzelt sind, sowohl auf körperlicher als auch auf energetischer Ebene. Dieses Thema durchdringt sogar unsere feinstofflichsten Schichten. Daher sollten wir trotz allem zutiefst dankbar sein, dass wir auf dieser Erde ein vielfältiges Leben mit reichlich Kontrasten führen können und alle seine Facetten erleben dürfen.

In diesem hypothetischen Szenario habe ich vorhin den Begriff „Wasser" verwendet, weil mir ein passendes Gleichnis dies sehr gut verdeutlicht hat. Stellen Sie sich vor: Gott ist der Ozean und er weiß, dass es an Land einen Berg gibt, den er gerne besichtigen würde. Wie könnte er das anstellen? Er sagt: „Freiwillige bitte vor!" Diese lassen sich von der Sonne verdampfen, regnen als Tropfen über dem

Berg aus den Wolken ab und machen sich dann auf den Weg zurück zum Ozean, zurück zu Gott. Einige finden den direkten Weg, während andere Schleifen und Umwege nehmen. Jeder von ihnen wird ihm eine andere Beschreibung oder neue Impressionen des Berges liefern. Erinnern Sie sich an das Gleichnis von den fünf Blinden, die einen Elefanten ertasten, aus dem letzten Band?

Kommen wir nun zu falschen Flaggen und psychologischen Operationen. Bei falschen Flaggen handelt es sich um Ereignisse, bei denen eine Partei vorgibt, Opfer einer Aktion zu sein, die tatsächlich von ihr selbst oder mit ihrer Zustimmung ausgeführt wurde. Die Intention solcher Operationen kann darin bestehen, Verwirrung zu stiften, politische oder militärische Ziele zu erreichen, indem man die Schuld einem anderen zuschiebt oder die öffentliche Meinung in eine bestimmte Richtung lenkt.

Zum Beispiel könnte ein Land einen inszenierten Angriff auf sich selbst durchführen und dies einem anderen Land zuschreiben, um eine Rechtfertigung für eine militärische Intervention zu schaffen. Historische Ereignisse wie der Gleiwitz-Vorfall (1939), bei dem die Nationalsozialisten einen Übergriff auf einen Rundfunksender inszenierten, um einen Vorwand für den Überfall auf Polen zu schaffen und die Operation Northwoods (1962), ein geplanter US-Plan zur Durchführung von Terroranschlägen gegen eigene Bürger, um die Öffentlichkeit gegen Kuba zu mobilisieren, illustrieren, wie falsche Flaggen als Mittel zur Manipulation eingesetzt werden können. Auch modernere Beispiele wie der Irakkrieg (2003), bei dem unter dem Vorwand falscher Massenvernichtungswaffen ein Krieg begonnen wurde oder die Anschuldigungen zum Einsatz von Chemiewaffen in Syrien (2013 und 2017), zeigen, dass solche Strategien auch heute noch relevant sind. Und wer weiß schon, was es mit dem World-Trade-Center auf sich hatte?

Psychologische Operationen (PsyOps) hingegen zielen darauf ab, Meinungen, Einstellungen und Verhaltensweisen von Menschen zu beeinflussen. Hierbei werden psychologische Techniken genutzt, um

Informationen zu verbreiten oder "wahrnehmungsbildende" Maßnahmen durchzuführen. Diese Strategien können in verschiedenen Kontexten eingesetzt werden, darunter militärische Operationen, politische Propaganda oder zur Veränderung weit verbreiteter Ansichten und Überzeugungen.

Moderne PsyOps greifen oft auf soziale Medien, Online-Plattformen und Cyberoperationen zurück, um globalen Einfluss auszuüben. Daher ist es wichtig zu betonen, dass PsyOps ethische und rechtliche Fragen aufwerfen und dass das Verständnis darüber entscheidend ist, um Informationsmanipulation zu erkennen und kritisch zu hinterfragen. Denken Sie daran, dass Information alles ist, wie es später im Kapitel der "Kriegsführung" behandelt werden wird und im letzten Band im Kapitel "Desinformation" behandelt wurde.

Diese subtilen Techniken wie Propaganda, Fehlinformation und Manipulation werden, wie schon geschildert, oft von Regierungen, Militärs und Geheimdiensten eingesetzt, um politische Ziele zu erreichen oder Feindbilder zu etablieren. Beide Konzepte sind in der modernen Geopolitik äußerst relevant und sehr schwer zu erkennen, da sie oft verschleiert werden. Kritisches Denken und das Hinterfragen von Informationen aus verschiedenen Quellen sind daher immens wichtig, um die wahren Hintergründe und Motive zu verstehen.

In vielen Fällen können falsche Flaggen und PsyOps miteinander verknüpft sein. Beispielsweise könnte eine falsche Flaggenoperation dazu dienen, den Boden für eine größere psychologische Operation zu bereiten, indem sie eine bestimmte Stimmung oder Wahrnehmung in der Öffentlichkeit schafft. Es ist unerlässlich, sich dieser komplexen Zusammenhänge bewusst zu sein. Folgen Sie der Spur des Geldes, um die wahren Hintergründe und Motive zu verstehen.

Wie bereits im vorherigen Buch erwähnt, hat das Internet dazu geführt, dass alternative Informationsquellen die Desinformation, Fehlaussagen oder Lügen der Medien aufdecken können. Auch in den USA ist das Vertrauen in die Glaubwürdigkeit der Massenmedien in der breiten Öffentlichkeit stark zurückgegangen. Es wird behauptet, dass nur noch 6 % der Bevölkerung den etablierten Kanälen vollständig vertrauen, aber die Validität solcher Umfragen ist fragwürdig. Es ist praktisch unmöglich, die Meinungen von über 239 Millionen Menschen (Stand 2023), wirklich repräsentativ zu erfassen.

Wenn wir gerade über die USA sprechen, betrachten wir doch prägnant und objektiv deren Gründungsväter. Die ursprünglich 13 Kolonien – über die 12 + 1 folgt ein separates Kapitel – wurden von der britischen Krone militärisch unterstützt und finanziert. Es ist wichtig zu erwähnen, dass die Gründerväter der USA durch die Besetzung eines ganzen Kontinents und leider auch durch den Genozid an den Indianern sehr vermögend wurden. Als es dann darum ging, von diesem Vermögen etwas abzugeben, haben sich einige dieser „Founder" als Indianer verkleidet und die Schiffe im Hafen von Boston in Brand gesteckt.

Das geschah genau zu dem Zeitpunkt, als die Britische Krone versuchte, ihre Ausgaben und vermutlich auch weitere Gewinne durch Steuern zurückzuerhalten. Diese Aktion, bekannt als die „Boston Tea Party", war ein Versuch, Großbritannien dazu zu bringen, die Indianer dafür zu beschuldigen und sie entsprechend zu bestrafen. Das war vermutlich die erste falsche Flagge der Republik Amerika! Wie heißt es so schön? Der einen Seite Terrorist, ist der anderen Seite Freiheitskämpfer.

Bevor wir zum nächsten Kapitel übergehen, möchte ich kurz meine aktuellen Gedanken zur Vorsilbe "Ver-" teilen. Es ist bemerkenswert, wie viele Wörter in der deutschen Sprache mit der Vorsilbe "Ver-" negative Konnotationen haben. "Verprügeln", "vermeiden", "verunglimpfen", "verleugnen" – die Liste lässt sich beliebig fortsetzen. Doch was ist mit Wörtern wie "Verfassung", "Verbindung", "Vertrauen" oder "verzeihen" und "verstehen"?

Interessanterweise zeigt diese Dualität, dass die Bedeutung von "Ver-" stark vom Kontext und der Wortbildung abhängt. Es kann einerseits eine Verschlechterung oder Abweichung anzeigen, wie in "verunglücken" oder "verirren", andererseits aber auch eine Vervollständigung, Verstärkung oder positive Entwicklung, wie in "veredeln" oder "verbessern". Diese Vielseitigkeit spiegelt die Komplexität der deutschen Sprache wider und zeigt, dass die Konnotationen, die mit der Vorsilbe "Ver-" verbunden sind, vielfältig und nuanciert sein können.

Es ist interessant, wie der Kontext und die Zusammensetzung mit der Vorsilbe "Ver-" die Bedeutung eines Wortes verändern können. Vielleicht liegt darin eine tiefergehende Erkenntnis: dass in unserer Sprache, wie im Leben, sowohl positive als auch negative Aspekte koexistieren und oft untrennbar miteinander verbunden sind.

Doch es scheint, dass die Vorsilbe "Ver-" tendenziell häufiger negative Bedeutungen hervorruft. Dies könnte darauf hindeuten, dass unsere Sprache und damit auch unsere Wünsche und Vorstellungen oft verzerrt werden. Wenn wir "Ver-" hören, assoziieren wir schnell etwas Negatives, was gegebenenfalls unsere Wahrnehmung und unser Denken beeinflusst. Es lohnt sich, darüber zu reflektieren, wie diese sprachliche Neigung unser Weltbild und unsere Kommunikation prägt.

Es ist eine Tatsache, dass wir als Menschen oft in die Irre geführt werden, ohne es zu wissen oder zu erkennen. Dies kann durch verschiedene Techniken wie Propaganda, subtiler Werbung, unterschwelliger Beeinflussung und vielem mehr geschehen. Dies verdeutlicht die Notwendigkeit, unsere Wahrnehmung zu schärfen und kritisch zu hinterfragen, was uns präsentiert wird, um uns vor Manipulationen zu behüten.

Wenn wir jedoch erkennen, dass wir gesteuert werden, könnte uns dies motivieren, aufzustehen und uns zu wehren, was eventuell den Manipulatoren ein Dorn im Auge wäre. Wir würden uns bewusst werden, dass unsere Gedanken und Handlungen unter Umständen nicht vollständig unsere eigenen sind und dass es eine Kraft gibt, die versucht, uns zu beeinflussen und zu kontrollieren.

Menschen werden aus verschiedenen Gründen unten gehalten, unterhalten und manipuliert. Mächtige Gruppen oder Institutionen möchten oft die Kontrolle über die breite Masse behalten, um gegebenenfalls ihre eigenen Interessen zu fördern. Politische oder ideologische Motive können ebenfalls eine Rolle spielen, um eine bestimmte Agenda voranzutreiben. Die Beeinflussung kann auch dazu führen, dass Bevölkerungsgruppen weniger bereit sind, Widerstand zu leisten und sich somit nicht gegen herrschende oder bestehende Kräfte auflehnen. Man lässt einfach alles mit sich machen und beugt sich jedem Druck oder jeder Konvention.

Zudem werden oft wirtschaftliche Interessen verfolgt, indem das Konsumentenverhalten so gesteuert wird, dass Profite maximiert werden. Der ständige Einfluss durch Medien, Werbung und Propaganda schafft meiner Meinung nach ein Umfeld, in dem kritisches Denken erheblich erschwert wird. Es ist daher wichtig, sich dieser Mechanismen bewusst zu sein und aktiv dagegen anzugehen.

Im ersten Band wurden die Pendel vorgestellt, während vorhin der Begriff Egregor hinzugefügt wurde, um das Konzept weiter zu verdeutlichen. Es wurde darauf hingewiesen, dass diese energetischen Gebilde, ähnlich wie wir, ständig Energie benötigen. Diese kollektiven Gedankenformen werden durch gemeinsame Vorstellungen, Emotionen und Rituale erschaffen und erhalten. Sie entwickeln eine eigene Dynamik, abhängig von der Energie, die ihnen zugeführt wird und beeinflussen ihre Schöpfer oft stärker, als man zunächst annimmt.

Nun stellen Sie sich bitte auch andere Wesen vor, die sich möglicherweise ausschließlich von Negativität, Emotionen oder sogar von Blut ernähren. Wer trinkt noch einmal das Blut seines Erlösers? Oder welches Tier ernährt sich von der Muttermilch eines anderen Tieres?

Bitte beachten Sie, dass die Medien und das Public-Relations-Management (PR) die mächtigsten Waffen sind – stärker als jede Atom- oder Wasserstoffbombe. Wenn die Medien gezielt gegen jemanden „hetzen", können diese sogar dafür sorgen, dass dessen engste Familienmitglieder den Kontakt abbrechen.

So etwas geschieht oft durch Verleumdungskampagnen, wie etwa Anschuldigungen sexuellen Missbrauchs von Frauen und Kindern oder durch andere erfundene Vorwürfe. Einmal in den Zeitungen oder in den Massenmedien publiziert, lässt sich diese Falschinformation kaum mehr rückgängig machen. Hier ist das Vorgehen: Zuerst wird der Ruf ruiniert, wodurch man der Lächerlichkeit preisgegeben wird. Anschließend folgt die Isolation, die oft mit dem finanziellen Ruin einhergeht, da das soziale und berufliche Umfeld bereits zerstört wurden. Diese Maßnahmen können schließlich sogar bis zur Exekution führen, sei es in einem metaphorischen oder tatsächlichen Sinne.

Natürlich geschieht Letzteres nicht direkt; es könnte als Unfall getarnt werden – ein Schlaganfall, ein Herzinfarkt oder eine andere Ursache. Gift oder Radioaktivität könnten im Spiel sein. Oder man manipuliert Personen in Autounfälle, spritzt ihnen danach Alkohol ins Blut und überschüttet sie mit solchem. Wenn die Leichen nicht gründlich genug untersucht werden, könnte der Vorfall als einfacher Verkehrsunfall mit Trunkenheit am Steuer und Todesfolge abgetan werden. Oder es wird versucht, Menschen mit gefälschten Beweisen zu belasten, um sie entweder finanziell durch rechtliche Verfahren oder das Justizsystem auszubluten oder sie zu inhaftieren und damit von der Bildfläche verschwinden zu lassen. Manchmal sterben Personen auch bei „zufälligen" Straßenschlägereien oder Überfällen.

Julian Assange, der Gründer von WikiLeaks, ist ein typisches Beispiel. Gegen ihn wurden Anschuldigungen des sexuellen Missbrauchs erhoben, die viele als politisch motiviert betrachten. Trotz fallengelassener Vorwürfe wurde sein Ruf ruiniert und Assange lebt in Isolation, kämpft gegen Auslieferung und sieht sich finanzieller wie sozialer Zerstörung gegenüber.

Anders erging es Jörg Haider, dem österreichischen Politiker, der durch seine „rechtspopulistischen" Ansichten oft Ziel von Medienkampagnen war. Seine Nähe zur nationalsozialistischen Rhetorik führte zu wiederholten Angriffen in der „Presse", was letztlich zu seiner politischen Isolation auf internationaler Ebene führte. Haider starb 2008 bei einem Autounfall, bei dem angeblich Trunkenheit im Spiel war – ein Tod, der weiterhin Anlass zu Spekulationen und Verschwörungstheorien gibt, zumal enge Bekannte behaupten, er habe nie oder nur sehr selten Alkohol getrunken und wäre in einem solchen Zustand sicherlich nicht mehr gefahren.

Ein weiteres Beispiel ist Edward Snowden, der Whistleblower, der die weltweite Überwachung durch die NSA enthüllte. Snowden wurde von den USA wegen Spionage angeklagt und lebt seitdem im russischen Exil. Auch er ist isoliert und kann nicht in seine Heimat zurückkehren, während die öffentliche Debatte um seine Heldentaten oder Verrätereien weitergeführt wird.

Im Film "Shooter" wird einer Person eine Arm-/Schultermanschette angelegt, die dazu führt, dass diese sich ungewollt eine Pistole an den Kopf hält und abdrückt. Nachdem die Manschette den Abzug betätigt hat, wird sie dem vermeintlichen Selbstmörder wieder abgenommen und sämtliche Schmauchspuren befinden sich nun am Opfer. Wie beunruhigend ist das bitte? Ich könnte mir vorstellen, dass solche Geräte existieren. Was denken Sie?

Die Jesuiten sollen angeblich Menschen mit Gift umgebracht haben, während die CIA angeblich für Schlaganfälle und Herzinfarkte verantwortlich sein soll. Die Anzahl der Opfer, die diesen Organisationen angeblich zugeschrieben wird, ist unvorstellbar! Sollte ich jemals zufällig, nennen wir es "verschwinden", wissen Sie, liebe Leser, umso mehr, dass hier die Wahrheit gesprochen wurde. Für weitere

Informationen lesen Sie bitte „Mein Vater war ein Men in Black 1" von Jason Mason.

Gewöhnen Sie sich bitte an, regelmäßig Bücher zu lesen. Wiederholen Sie gegebenenfalls die Lektüre derselben Abhandlungen und Sie werden feststellen, dass Ihnen beim erneuten Durcharbeiten neue Informationen auffallen, die Ihnen beim ersten Mal entgangen sind. Berücksichtigen Sie bitte auch, dass wir während unserer Schulzeit oft „gezwungen" wurden, Literatur zu wälzen und dabei Desinformationen aufzunehmen. Wir mussten diese falschen Informationen auswendig lernen, um in Klassenarbeiten oder Tests dafür benotet zu werden. Diese Erfahrung hat uns mutmaßlich dazu gebracht, heute weniger Interesse an Niederschriften zu haben. Und warum wurde das in der Schule früher „Arbeiten" genannt? Hat hier bereits eine frühzeitige Konditionierung stattgefunden?

Indem Sie sich diese Zusammenhänge bewusst machen, können Sie sich von diesen Verstrickungen lösen! Neben dem Internet sind Publikationen die einzige Möglichkeit, Wissen zu vermitteln oder zu erhalten, das nicht von Massenmedien oder Institutionen beeinflusst, verfälscht oder zensiert werden kann. Wie bereits geschildert, gibt es hier die perfidesten Methoden zur Verbreitung von Falschinformationen.

Wie bereits erwähnt, werden „aufmüpfige" Personen, die nicht dem konformen Weltbild entsprechen, erst durch Rufmord oder Rufschädigung angegriffen. Vielleicht sollten wir realisieren, dass die Personen, gegen die in den Medien oft vorgegangen wird, eigentlich die „Guten" repräsentieren und nicht die „Bösen", wie es dargestellt wird und dass man versucht, sie zu diskreditieren.

Wenn Sie Interesse an einer fesselnden Buchreihe haben, dann wird Ihnen „Mein Vater war ein MiB" wärmstens empfohlen. Als ich den ersten Band „Vom Wesen der Illusion" verfasste, waren mir die Bücher von Jason Mason noch völlig unbekannt. Seitdem haben sich jedoch viele faszinierende Zusammenhänge ergeben. Im vierten Band

27

wird beispielsweise ausführlich über den Mond berichtet und es werden weitere aufregende Themen behandelt. Freuen Sie sich darauf!

Obwohl die Bücher preislich im höheren Segment angesiedelt sind, lohnt sich die Investition allemal. Möglicherweise finden Sie sie auch in Bibliotheken oder können sie online ausleihen. Der Autor verwendet viele Bilder, was die Druckkosten erhöht.

Jason Mason hat sich enorm viel Mühe gegeben, unter schwierigsten Umständen eine Fülle von Material zusammenzutragen. Außerdem soll betont werden, dass diese Bücher, soweit ich informiert bin und zum Zeitpunkt des Schreibens dieses Bandes, ausschließlich in deutscher Sprache verfügbar sind. Als Deutschsprachiger haben Sie daher einen deutlichen Vorteil und können dazu beitragen, das Bewusstsein der Menschen in Ihrem Umfeld zu schärfen.

Daher wird Ihnen nahe gelegt, sich dieses Wissen oder die entsprechenden Buchmaterialien zu beschaffen. Es wurden dort viele Themen behandelt, die sich teilweise mit dem Inhalt des zweiten Bands "Vom Wesen der Illusion" überschnitten, welche ich dann herausgekürzt oder komplett gestrichen habe. Die „Mein Vater war ein MiB"-Reihe fiel mir leider erst in die Hände, als ich bereits weit fortgeschritten bei der Fertigstellung dieses zweiten Bandes war.

Wie bereits im ersten Buch wird hier angestrebt, Ihnen in relativ kurzer Zeit eine Fülle von Wissen darzubieten. Durch jahrelange Recherche bemühe ich mich, Ihnen einen einigermaßen geradlinigen Weg aufzuzeigen, der hoffentlich frei von übermäßiger Desinformation ist.

Trotzdem müssen Sie zugegebenermaßen mit starker kognitiver Dissonanz umgehen, wenn Sie diesem Weg folgen. Kognitive Dissonanz bezeichnet einen psychologischen Zustand, der entsteht, wenn eine Person zwei oder mehr widersprüchliche Überzeugungen, Einstellungen oder Handlungen hat. Diese innere Spannung entsteht, wenn Überzeugungen oder Handlungen nicht mit den Erfahrungen oder der Realität übereinstimmen.

Also, wenn ich in diesem Buch sage, dass Sie es jetzt bitte beiseitelegen sollen, weil ich Ihnen die Informationen hier nicht visuell vermitteln kann, aber weiß, wo Sie entsprechende Bilder oder Dokumentationen finden können, dann bitte ich Sie darum, das Buch auch wirklich zur Seite zu legen und sich zunächst die entsprechende Empfehlung anzusehen und zu verarbeiten. Das Ziel ist, den Dorn, auch wenn es schmerzhaft ist, so schnell wie möglich zu entfernen, damit die Heilung beginnen kann.

Vom Wesen der Steine

Das Wort "Stein" hat seinen Ursprung im Althochdeutschen "stein" und im Mittelhochdeutschen "stain", die beide "hartes Mineral" oder "Fels" bedeuten. Diese Begriffe haben wiederum ihre Wurzeln in älteren germanischen Sprachen. Die Verwendung von Steinen als Baumaterial und Werkzeug reicht weit zurück in die menschliche Geschichte. Daher ist es wenig überraschend, dass das Wort "Stein" in vielen alten Sprachen und Kulturen vorkommt.

Das Wort "Geologie" stammt aus dem Griechischen und setzt sich aus "ge" (Erde) und "logos" (Lehre, Geist, Vernunft, Wort) zusammen. Wörtlich übersetzt bedeutet es "Studium der Erde" oder "Wissenschaft von der Erde". Bei der Bildung wissenschaftlicher Begriffe wird im Lateinischen und Griechischen häufig die Endung "-o" hinzugefügt, um eine Verbindung zwischen Wörtern oder Wortteilen herzustellen. Diese Praxis erleichtert die Aussprache und unterstützt die Wortbildung.

Diese Disziplin beschäftigt sich mit der Struktur, Geschichte und den Prozessen, die den Planeten geformt haben. Sie umfasst Bereiche wie Mineralogie, Petrologie, Paläontologie, Sedimentologie, Vulkanologie und Tektonik und spielt eine wesentliche Rolle bei unserem Verständnis der Entwicklung der Erde.

Wie wir bereits gelernt haben, besitzt jegliche Materie eine Schwingung, einschließlich der Steine. Viele alte Bauwerke wurden oft aus verschiedenen Steinarten errichtet, die in Schichten über- und miteinander verbaut wurden. Kann es sein, dass diese Monumente einem bestimmten Zweck dienten und zum Beispiel als Kraftwerke oder „Transmitter" bzw. Überträger benutzt wurden?

Wussten Sie, dass die Cheops-Pyramide, die mutmaßlich nicht von Cheops erbaut wurde – er war vielmehr der Restaurator –, genau auf dem Breitengrad 29.9792458 liegt? Kennen Sie diese Zahl noch aus dem letzten Band? Das war doch die Lichtgeschwindigkeit, erinnern Sie sich? Also, noch einmal: Die Spitze der Cheops-Pyramide trifft exakt den Breitengrad der Erde, der „zufällig" genau der Zahl der Lichtgeschwindigkeit entspricht. Wenn man von dieser Spitze Diagonalen zu den Ecken und Seiten hinausführt, bedecken oder durchziehen diese die größtmögliche Landmasse, sodass Gizeh und die Pyramide genau im, sagen wir, Mittelpunkt unserer bekannten Erde liegen. Ist das Zufall?

Wissen Sie, dass die Pyramide mit Salz belegt ist, als hätte sie lange Zeit im Meer gestanden? Die Ägypter haben wohl eine Aussage: „Wenn es vom Himmel kommt, dann gehe in die Pyramide. Wenn es von der Erde kommt, steige auf diese hinauf." Auch der Sphinx stand einst unter Wasser und die Große Pyramide in Gizeh zeigt Spuren von Meereserosion in ihrer Mitte. Das bedeutet, dass die in Band 1 "Vom Wesen der Illusion" und in "Mein Vater war ein MiB 2" erwähnte Flut nicht das gesamte Land überschwemmte. Es muss also höher gelegene Gebiete oder sichere Zufluchtsorte gegeben haben, zu denen sich Menschen oder andere Lebewesen retten konnten. Diese erhöhten Bereiche hätten als Schutz vor den Wassermassen dienen können. Wer es schaffte, sich dorthin zu begeben und ausreichend Nahrung und Süßwasser zu finden, hatte am Ende vielleicht eine Überlebenschance.

Die Monumente von Gizeh sind eine der faszinierendsten architektonischen Meisterleistungen der Zivilisationsgeschichte. Wie bereits erwähnt, restaurierte Cheops diese nach der Flut und aufgrund ihres Alters, weshalb er heute oft als Erbauer bezeichnet wird. Eine der bemerkenswertesten Eigenschaften dieser Bauwerke ist ihre Ausrichtung. Die Große Pyramide ist perfekt justiert und ihre vier Seiten weisen genau nach Norden, Süden, Osten und Westen. Diese Platzierung ist bemerkenswert präzise, da sie nur um etwa 3/60 Grad vom wahren Norden abweicht.

Eine weitere Auffälligkeit dieses Bauwerks ist seine tatsächliche Form. Obwohl die Struktur auf den ersten Blick wie eine perfekte

Pyramide mit vier Seiten aussieht, hat sie in Wirklichkeit acht Seiten. Diese „achteckige" Form entsteht durch die Anordnung von 144 konkaven und konvexen Dreiecken, die die Kanten der Struktur bilden.

Diese achtseitige Form war jedoch lange Zeit schwer zu erkennen, da sie von der glatten, hochglanzpolierten Kalksteinverkleidung verdeckt wurde, die die Pyramide ursprünglich überzog. Erst in den 1940er-Jahren wurde diese Besonderheit durch Luftaufnahmen und eine genaue Vermessung entdeckt, die unter bestimmten Lichtverhältnissen die leichte Konkavität jeder Seite sichtbar machten und die Pyramide achtseitig erscheinen ließen.

In Bezug auf die Ausrichtung vieler solcher monumentalen Bauwerke gibt es unterschiedliche Theorien, die besagen, dass sie auf bestimmte Himmelsobjekte fixiert sind. Es wird vermutet, dass sie womöglich Sterne wie Sirius oder das Sternbild Orion anvisieren. Besonders auffällig ist, dass die „Luftschächte" der Cheops-Pyramide exakt auf diese Himmelskörper ausgerichtet wurden. Die südlichen Schächte der Königskammer und der Königinnenkammer zeigen auf die Sterne Alnitak und Sirius, die Teil des Orion-Gürtels bzw. des Sternbildes Großer Hund sind. Diese Ausrichtung könnte auf eine Sternenkonstellation hindeuten, die vor etwa 12.000 Jahren am Nachthimmel zu sehen war. Da sich die Position der Sterne im Laufe der Zeit durch die sogenannte Präzession der Erdachse verändert, waren diese Himmelskörper damals in einer anderen Lage als heute sichtbar. Da sich diese Konstellationen aber etwa alle 26.000 Jahre wiederholen, könnten diese Bauwerke eventuell noch viel früher entstanden sein. Wir werden später noch näher auf mögliche Funktionsweisen dieser Strukturen eingehen.

Neuere Satellitenuntersuchungen und Bodenradarmessungen im Bereich der Archäologie haben einen zweiten Sphinx und weitere bislang unentdeckte Monumente ans Licht gebracht. Darüber hinaus haben Sonaruntersuchungen Strukturen unter Wasser aufgedeckt, die unmöglich natürlichen Ursprungs sein können. Vor Kurzem wurde auch die versunkene indische Stadt Krishna gefunden, die sich rund 50 Meter unter dem Meeresspiegel befindet. Zudem wurde in der Cheops-Pyramide kürzlich eine neue Kammer entdeckt, die 111 Fuß (ca. 33,8 Meter) lang ist. All das deutet darauf hin, dass sich vermutlich noch etliche weitere Pyramiden und Bauwerke unter der Erde befinden könnten. Interessanterweise wurde in der neu entdeckten Kammer keine Mumie gefunden, was die Frage aufwirft, welchen Zweck diese einst erfüllt hat. Sonderbar ist auch, dass bisher noch kein Pharao in den Pyramiden entdeckt wurde, was die Spekulationen über deren tatsächliche Nutzung weiter anheizt.

Was die verborgene Kammer in der Pyramide betrifft, wird gemutmaßt, dass es sich um das geheime Grab von Kleopatra handelt, bekannt als "The Secret Tomb of Cleopatra". Allerdings könnte "Grab" hier die falsche Bezeichnung sein, da diese Kammer eventuell eine viel größere und komplexere Bedeutung hatte.

War Ihnen klar, dass viele antike Bauwerke nicht nur nach den Sternen des Orion oder der Plejaden angeordnet wurden, sondern ebenfalls eine Ausrichtung zu den Erdpolen haben oder hatten? Die Nord-Süd-Achse dieser beeindruckenden Monumente, die genau auf den magnetischen Pol zeigt, ermöglicht eine zeitliche Einordnung ihrer Errichtung. Vermutlich wurden sie aus diesem Grund so positioniert, damit spätere Generationen wissen, wann sie erbaut wurden. In den letzten 50.000 Jahren hat es mindestens einen, wenn nicht sogar drei, Polsprünge gegeben.

Über Sirius wurde im letzten Band bereits gesprochen, heute vernachlässigen wir dieses Planetensystem. Die Überlieferungen der Hawaiianer und der Cherokee berichten von ihren Vorfahren, die von den Plejaden stammen. Ähnliche Erzählungen finden sich weltweit in anderen Kulturen, die diesem System eine besondere Bedeutung beimessen. Ein eindrucksvolles Beispiel hierfür ist die archäologische Stätte Caral in Peru.

Sie wurde mutmaßlich von der Norte-Chico-Kultur etwa um 2600 v. Chr. erbaut. Die Ausrichtung ihrer Gebäude und Plätze zeigt eine bemerkenswerte Kenntnis der Astronomie und eine tiefe Verbundenheit mit den Plejaden. Die Anordnung der Strukturen spiegelt die Bewegungen dieser Sternengruppe am Himmel wider und verdeutlicht die Bedeutung des Kosmos für die Kultur und Religion von Caral.

Die Plejaden sind ein offener Sternhaufen im Sternbild Stier und bestehen aus über 1.000 Sternen. Von diesen Sonnen sind sieben besonders hell und somit mit bloßem Auge gut sichtbar, weshalb sie als Siebengestirn bezeichnet werden. Sie gehören zu den bekanntesten Himmelsformationen, die man nachts beobachten kann.

In vielen Kulturen auf der ganzen Welt spielten und spielen die Plejaden eine wichtige Rolle. Die Azteken und die Maya integrierten sie in ihre Kalender und ihre Tempelarchitektur. Die Hopi-Indianer in den USA sehen in ihnen ein spirituell bedeutendes Symbol. Ähnliche Überlieferungen und Erzählungen finden sich auch bei den Aborigines in Australien und den Maori in Neuseeland, die ihnen eine besondere Bedeutung beimessen und sie in ihre Kultur und Mythologie integriert haben.

Die Verehrung der Plejaden und ihre Bedeutung in Mythen und Kulturen weltweit lassen darauf schließen, dass unsere Vorfahren ein tiefes Verständnis für die Zusammenhänge zwischen Himmel, Erde und Energie hatten. Dieses Wissen spiegelt sich nicht nur in der Sternendeutung wider, sondern auch in den Bauwerken, die sie errichteten. Solche Bauten könnten mehr als nur symbolische Bedeutung haben – sie könnten auch physikalische Phänomene genutzt haben, wie die Interaktion von Quarzkristallen und Elektrizität.

Wir wissen, dass Quarzkristalle Elektrizität produzieren, wenn sie „unter Stress gesetzt" werden. Ein Quarzkristall, der von einem Stein umhüllt ist, befindet sich definitiv in einer solchen Situation. Dies könnte erklären, warum wir bei bestimmten geomagnetischen Phänomenen elektrische Aktivität in Steinstrukturen feststellen, wie es bei der Großen Pyramide der Fall ist.

Die Fähigkeit von Quarzkristallen, Daten zu speichern, ist beeindruckend. Heutzutage können bereits kleine Quarzkristallscheiben (2 × 2 cm und etwa 0,5 cm dick) verwendet werden, um immense Mengen an Informationen zu archivieren. Die Speicherkapazität ist riesig: Ein halber Kristall reicht aus, um die gesamte Bibel zu fassen. Wenn wir diese Technologie nutzen würden, könnte die gesamte englische Nationalbibliothek in einen Schuhkarton passen.

Dies eröffnet faszinierende Möglichkeiten für die Archivierung und den Zugang zu Informationen für nachfolgende Generationen, vorausgesetzt, diese verfügen über die technologischen Mittel, um solche Daten auch künftig abzurufen. Und damit kommen wir zu den Kristallschädeln.

Diese sind ebenfalls aus Quarzkristall und es wurden bereits zwölf Stück davon gefunden, während auf den 13. noch gewartet wird. Es gibt Prophezeiungen, die besagen, dass das Auffinden des 13. Schädels ein bedeutendes Ereignis auslösen könnte. Die Oberfläche ist absolut glatt, es lassen sich keinerlei Schleif- oder Meißelspuren finden. Mit unserer aktuellen Technologie könnten wir solche Schädel nicht herstellen. Angeblich zeigen sie, wenn man sie auf bestimmte Art und Weise „beleuchtet", Bilder und sogar Töne aus vergangenen Kulturen, von denen sie hergestellt wurden.

Diesen Schädeln wird eine besondere Energie und spirituelle Bedeutung zugeschrieben. Zu den bekanntesten zählt der Mitchell-Hedges-Schädel, der im Besitz der besagten Familie war oder ist und als der prominenteste Kristallschädel gilt. Ein weiterer imposanter Kristallschädel ist der "Heilige Gral des Bewusstseins", genannt "Max", der im Jahr 1980 von dem indischen Medium Joann Parks entdeckt wurde. Ebenso gibt es den "Sha-Na-Ra", der angeblich aus Atlantis stammen soll.

Es existieren zahlreiche Theorien und Spekulationen über die Herkunft und die Kräfte dieser Schädel. Einige Menschen glauben, dass sie eine Verbindung zu außerirdischen Wesen haben könnten oder dass ihnen eine Art mystische Kraft oder Energie innewohnt. Nichtsdestotrotz sind sie auf eine Weise geschaffen worden, die wir uns weder erklären noch kopieren können.

Als kleine Ergänzung zum Dolch aus dem ersten Band, der aus Meteoritgestein hergestellt wurde: Meteoriten haben in der Regel einen sehr hohen Nickelgehalt, weshalb das Metall äußerst brüchig ist. „Es kann nur durch Falten, eine der wichtigsten Schmiedetechniken im Bereich der Messer- und Schwertherstellung, bearbeitet werden. Dabei wird der Rohling erhitzt, mit dem Schmiedehammer gestreckt, teilweise gespalten, an der Bruchkante umgeschlagen und wieder zusammengeschmiedet. Ein traditionelles japanisches Katana erhält so zum Beispiel nach nur 15-maligem Falten exakt 32.768 Lagen in der Schneide. Dadurch sind eventuelle Zusatzstoffe wie zum Beispiel Kohlenstoff im Rohling nicht nur optimal verteilt, sondern auch Mikrobrüche, die zuvor noch vorhanden waren, nahezu vollständig beseitigt. Die Besonderheit im Schmiedefalten liegt darin, dass man mit relativ geringem Aufwand Legierungen auf rein mechanische Weise schaffen kann, deren Mischungen sich bis in die einzelnen Atomlagen konstant zusammensetzen." (Wikipedia)

Die Dolche vergangener Kulturen, die in Gräbern oder ähnlichen Fundorten als Beigaben entdeckt wurden, weisen jedoch keinerlei Spuren dieses Faltens auf. Also, wie wurden diese hergestellt?

Wenn wir bereits über Quarzkristalle sprachen, von denen vermutlich jeder schon gehört hat, sollen hier ganz kurz die „Quasikristalle" erwähnt sein, von denen wahrscheinlich weniger von Ihnen wissen. In Quasikristallen sind Atome bzw. Moleküle in einer geordneten, aber aperiodischen Struktur arrangiert. Was heißt das nun?

Bei aperiodischen Kristallen handelt es sich um kristalline Festkörper, die sich nicht durch die dreidimensional-periodische Anordnung von Elementarzellen beschreiben lassen. In einem normalen Kristall sind Atome bzw. Moleküle in einer regelmäßigen Struktur angeordnet. Diese Struktur wiederholt sich in allen drei Raumrichtungen, ähnlich wie die Zellen in einem Bienenstock, die sich in einer regelmäßigen, sechseckigen Anordnung wiederholen. Jede Zelle ist von Zellen umgeben, die ein identisches Muster bilden.

In einem Quasikristall sind die Atome bzw. Moleküle dagegen nur „quasiperiodisch" angeordnet, was bedeutet, dass sie eine geordnete, aber nicht periodische Struktur haben. Diese Anordnung führt zu einzigartigen physikalischen Eigenschaften, wie zum Beispiel ungewöhnliche elektrische und thermische Leitfähigkeit und macht Quasikristalle zu einem interessanten Forschungsgebiet in der Materialwissenschaft. Sie kombinieren die Symmetrieeigenschaften von Kristallen mit der Unregelmäßigkeit von amorphen Materialien, was zu ihrer außergewöhnlichen Festigkeit und anderen speziellen Eigenschaften führt.

Lokal befinden sich die Atome in einer regelmäßigen Struktur – typische Atomcluster in der Nahordnung. Auch im globalen Maßstab ist eine Fernordnung vorhanden, jedoch durch die Aperiodizität schwer überschaubar. Jede Zelle ist von einem jeweils anderen Muster umgeben. Wenn sich alle Moleküle und Atome in Reihen, Ketten oder geometrischen Formen befinden, könnten diese wie Saiten auf Musikinstrumenten zum Schwingen und Klingen gebracht werden. Was wäre, wenn frühere Kulturen diese Technologie beherrschten?

Lassen Sie uns kurz über die Archäoakustik und die Klangqualität antiker Bauten wie Stonehenge, Göbekli Tepe und der Cheops-Pyramide sprechen. Oder nehmen wir die Bögen in alten Bauwerken, die den Schall von einem Ende zum anderen leiten können. Hier machen Sie bitte kurz eine Pause und schauen sich das Video über „die Mysterien der Kathedralen" an. Es ist leider nur auf Englisch verfügbar, aber mit automatischen Untertiteln auch für deutschsprachige Zuschauer gut verständlich.

Hier stellt sich die Frage, ob diese antiken Bauwerke als Kraftwerke oder Transmitter genutzt wurden und ob sie deshalb gezielt auf bestimmten Breitengraden errichtet wurden. Vielleicht mit der Absicht, eine optimale Ausrichtung zu einem elektromagnetischen Feld oder zu einem magnetischen Pol zu erreichen. Was wäre, wenn noch nicht alle Pyramiden entdeckt wurden oder zum Beispiel noch unter Wasser bzw. der Erde verborgen liegen?

Diese Überlegungen werfen die Frage auf, ob elektromagnetische Felder biologische Systeme, insbesondere Gehirnwellen, beeinflussen können. Auch Klang kann unser Bewusstsein verändern und verschiedene Gehirnwellenstadien wie Gamma, Beta, Alpha, Theta und Delta beeinflussen, die jeweils unterschiedliche mentale und körperliche Zustände hervorrufen.

Gehirnwellen sind elektrische Aktivitätsmuster, die durch Neuronen entstehen. Hierbei handelt es sich um spezialisierte Zellen im Nervensystem, die für die Übertragung von Informationen verantwortlich sind. Sie kommunizieren miteinander durch elektrische und chemische Signale und bilden die Grundlage für alle neuronalen Aktivitäten im Gehirn und im gesamten Körper. Diese Aktivitätsmuster können mittels der Elektroenzephalographie (EEG) gemessen und in verschiedene Frequenzbereiche unterteilt werden, die mit unterschiedlichen mentalen Zuständen und Aktivitätsniveaus korrelieren. Zu den wichtigsten Frequenzbereichen gehören:

Gamma-Wellen (30–100 Hz): Verbunden mit hoher mentaler Aktivität, wie intensiver Konzentration, Problemlösung und Informationsverarbeitung.

Beta-Wellen (13–30 Hz): Dominieren während wacher und aktiver mentaler Zustände, wie analytischem Denken und Entscheidungsfindung.

Alpha-Wellen (8–12 Hz): Charakteristisch für entspannt-wache Phasen, beispielsweise bei leichter Meditation, kurz vor dem Einschlafen oder nach dem Aufwachen, wo der Geist ruhig, aber aufmerksam ist.

Theta-Wellen (4–7 Hz): Kennzeichnen einen tieferen Entspannungszustand und sind typisch für tiefe Meditation, Träume und den Übergang in den Schlaf.

Delta-Wellen (unter 4 Hz): Dominieren während des tiefen Schlafs und sind mit körperlicher Regeneration und Heilung verbunden.

Es gibt verschiedene Techniken, um das Bewusstsein durch Klang zu verändern, ohne zu schlafen, zu klopfen oder zu trommeln. Eine besonders interessante Methode ist das Tapping, auch bekannt als Thought Field Therapy (TFT). Dabei wird durch sanftes Klopfen auf bestimmte Körperstellen die Energie im Körper harmonisiert und emotionale Blockaden gelöst, wodurch man belastende Gefühle und Gedanken loslassen und endgültig verarbeiten kann.

Ein weiteres Verfahren zur Förderung bestimmter Bewusstseinszustände nutzt die sogenannten binauralen Beats. Dieses auditive Phänomen entsteht, wenn dem linken und rechten Ohr leicht unterschiedliche Töne zugeführt werden. Zum Beispiel erzeugt ein Ton von 300 Hz im linken Ohr und 310 Hz im rechten Ohr im Gehirn die Wahrnehmung eines zusätzlichen Tons – die Differenz von 10 Hz. Der binaurale Beat synchronisiert das Gehirn auf dieselbe Schwingung. Je nach Frequenz können verschiedene Effekte erzielt werden: Niedrigere Frequenzen fördern Entspannung, während höhere die Konzentration steigern.

So können binaurale Beats mit Frequenzen zwischen 8 und 12 Hz genutzt werden, um in einen entspannteren Alpha-Zustand zu gelangen, während Frequenzen zwischen 4 und 7 Hz häufig tranceähnliche Theta-Zustände fördern. Höhere Frequenzen, wie Gamma-Wellen, können die Konzentration und kognitiven Funktionen verbessern.

Ein weiterer Ansatz zur Beeinflussung des Bewusstseinszustands ist die Nutzung von isochronen Tönen. Diese erzeugen schnelle und regelmäßige Intervalle, die das Gehirn in einen bestimmten Zustand versetzen können. Sie sind effektiv, weil sie ohne den Einsatz von Kopfhörern wirken und eine gleichmäßige Anregung des Gehirns ermöglichen.

Sie sind eine Form von auditiver Stimulation, die spezifische Frequenzen verwendet, um das Gehirn in einen bestimmten Zustand zu versetzen. Im Gegensatz zu anderen Methoden, wie dem Einsatz von monauralen oder binauralen Beats, verwenden isochronische Töne eine gleichmäßige pulsierende Klangwelle, um die Gehirnwellen zu beeinflussen.

Monaurale Beats sind eine weitere Variante zur akustischen Anregung, bei der zwei Töne mit leicht unterschiedlichen Frequenzen gemischt und als ein einziger Ton abgespielt werden. Im Gegensatz zu binauralen Beats, bei denen unterschiedliche Schwingungsraten jedem Ohr separat zugeführt werden, überträgt man bei monauralen Beats beide Frequenzen gleichzeitig in beide Ohren. Das resultierende Beat-Muster entsteht durch die Überlagerung der beiden Töne und kann das Gehirn auf ähnliche Weise wie binaurale Beats beeinflussen. Der Frequenzunterschied wird wahrgenommen und das Gehirn reagiert entsprechend darauf.

Isochronische Töne können ebenfalls dazu beitragen, Stress abzubauen und Entspannung zu fördern, indem sie das Gehirn in einen Zustand der Ruhe versetzen oder die Konzentration verbessern. Sie helfen, den Fokus zu halten und die geistige Klarheit zu steigern. Außerdem kann das Hören solcher Töne vor dem Zubettgehen den Schlaf verbessern und eine tiefere Erholung ermöglichen. Tagsüber können sie zur Stimmungsaufhellung und Kreativitätsförderung eingesetzt werden.

Ein weiterer Ansatz besteht darin, Klangmeditationen zu verwenden, die auf bestimmten Frequenzen und Klangmustern basieren, um das Bewusstsein zu verändern. Eine beliebte Methode ist die Verwendung von "Dreaming at Night"-Meditationen, die auf Theta-Frequenzen basieren und dabei helfen können, tiefere Entspannung und spirituelle Erfahrungen zu erleben.

Es ist jedoch wichtig zu beachten, dass nicht alle Menschen auf dieselben Klänge oder Frequenzen gleich reagieren. Während einige eine Veränderung ihres Bewusstseinszustandes durch Klang erfahren können, spüren andere möglicherweise keine Wirkung. Es ist daher ratsam, verschiedene Techniken auszuprobieren und zu erkunden, welche für Sie am besten funktionieren. Ebenso ist es empfehlenswert, solche Methoden nur unter der Anleitung eines qualifizierten Lehrers oder Praktikers zu testen!

Da wir uns gerade mit dem Thema Klang befassen, sollen nun auch die Phononen betrachtet werden. Diese „Quasiteilchen" breiten sich in Festkörpern aus und sind für die Übertragung von Schall und Wärme verantwortlich. Es wurde beobachtet, dass sie durch die Gravitation beeinflusst werden, wobei wir das Wort „Gravitation" vielleicht eher mit „atmosphärischem Druck" gleichsetzen könnten. Phononen sind kollektive Schwingungszustände in Festkörpern, die wie Partikel behandelt werden können, obwohl sie keine eigentlichen Teilchen im „herkömmlichen" Sinne sind.

Kürzlich wurde eine Photon-Phonon-Interaktion beobachtet, bei der das Phonon einen negativen Masseneffekt auslösen konnte, was zur Neutralisierung der Gravitation führte. Sie spielen eine bedeutende Rolle in der Festkörperphysik und sind entscheidend für das Verständnis von Materialeigenschaften und -verhalten. Es ist faszinierend zu bedenken, dass Phononen, wie von Angelo Esposito beobachtet, nicht nur der Schwerkraft folgen, sondern auch gegen sie schwingen können, was tiefgreifende Implikationen für unsere Auffassung der Quantenmechanik und Gravitation hat.

Diese neuen Erkenntnisse könnten unser Verständnis der physikalischen Gesetze erweitern und praktische Anwendungen in der Technologie und Raumfahrt ermöglichen. Wenn bestimmte Phononen tatsächlich in der Lage sind, einen negativen Masseneffekt zu erzeugen, könnten sie potenziell neue Wege eröffnen, die Schwerkraft zu manipulieren.

Die Entdeckung eröffnet neue Perspektiven für die Dynamik von Kristallgittern und könnte Fortschritte in der Materialwissenschaft fördern. Dies könnte auch Anwendungen in der Nanotechnologie und der Festkörperforschung beeinflussen, indem es unser Verständnis der Wechselwirkungen innerhalb von Feststoffen vertieft und innovative Entwicklungen ermöglicht.

Wenn wir diesen Gedanken weiterführen, könnten wir uns fragen, ob es in ferner Zukunft möglich sein wird, mit Phononen die Gravitation oder den atmosphärischen Druck zu kontrollieren. Durch diese Entdeckung könnte es viel einfacher werden, immense Bauwerke wie die Nan Madol-Anlage, die Pyramiden, Stonehenge, die Tempelanlage von Göbekli Tepe, die Moai-Statuen auf den Osterinseln und die Große Mauer von China zu errichten.

Möglicherweise verfügten frühere Kulturen bereits über solche Technologien und nutzten sie für den Bau dieser gigantischen Strukturen auf der Erde. Wie sonst konnten zum Beispiel die Fundamente in Baalbek gesetzt werden, auf die wir gleich zu sprechen kommen? Und wenn wir schon beim Thema Fundamente sind, richten wir unseren Blick vorerst auf den Boden selbst. Haben Sie schon einmal vom Usselo-Horizont gehört?

Dabei handelt es sich um eine weltweit vorkommende, holzkohlereiche Schicht, die während des späten Alleröd-Interstadials vor etwa 12.800 Jahren entstanden ist. Ihren Namen verdankt sie dem niederländischen Dorf Usselo, wo sie erstmals entdeckt wurde. Die 5 bis 15 Zentimeter starke Schicht wurde in mindestens elf Ländern auf vier verschiedenen Kontinenten gefunden, darunter die Niederlande, Deutschland, Belgien, Großbritannien, Frankreich, Polen, Weißrussland, Ägypten, Südafrika, Indien und Australien. Ihre Entdeckung geht auf das Jahr 1940 zurück, als der niederländische Archäologe Cornelis Hijszeler sie in einer Sandgrube bei Enschede in der Nähe der deutschen Grenze fand.

Sie besteht aus einer Mischung organischem Materials und Feinstaubpartikeln, die in die Atmosphäre verteilt wurden und sich dann auf der Erdoberfläche abgelagert haben. Kürzlich wurde festgestellt, dass die untersuchte Schicht Nanodiamanten, winzige siliciumhaltige glasartige Objekte und magnetische Sphärulen enthält. Diese Materialien oder Substanzen entstehen normalerweise nur bei extrem hohen Temperaturen von mehr als 2000 Grad Celsius.

Sphärulen sind kleine, kugelförmige Partikel, die häufig in Ablagerungen auftreten, die mit extremen Hitzeereignissen in Verbindung stehen. Sie entwickeln sich, wenn Gesteinsmaterial durch intensive Hitze geschmolzen wird und dann zügig erkaltet. Dies kann beispielsweise bei einem Meteoriteneinschlag oder einem Vulkanausbruch geschehen. Sphärulen sind oft magnetisch und können bei der Identifizierung und Datierung geologischer Ereignisse helfen.

Traditionelle Wissenschaftler neigen dazu, die Ursache des Usselo-Horizonts auf Waldbrände in verschiedenen Teilen der Welt zurückzuführen. Es besteht jedoch auch die Möglichkeit, dass eine große Katastrophe wie der Einschlag eines Meteoriten oder ein anderes weltumspannendes kataklysmisches Ereignis dazu geführt hat. Einige Hypothesen schließen sogar ein Szenario wie einen prähistorischen Atomkrieg nicht aus.

1980 wurde eine bahnbrechende Entdeckung gemacht: Forscher stießen auf eine seltsame Anomalie an der Grenze zwischen der Kreidezeit (K) und der Paläogenzeit (Pg), die auch als K-Pg-Grenze bekannt ist. Um die Iridium-Anomalie genauer zu verstehen, ist es wichtig, die Epochen sowie deren zeitliche Einordnung nachzuvollziehen.

Die Kreidezeit erstreckte sich laut Lehrmeinung von etwa 145 Millionen Jahren bis vor etwa 66 Millionen Jahren. Sie war mutmaßlich eine Ära, die für das Auftreten von Dinosauriern, aber auch für das Aufkommen vieler moderner Pflanzen- und Tierarten bekannt ist. Die Kreidezeit endete mit einem massiven Aussterbeereignis, das sowohl Dinosaurier als auch viele andere Lebensformen betraf.

Die Paläogenzeit, auch als Tertiärzeit bekannt, folgte der Kreidezeit und dauerte von etwa 66 Millionen Jahren bis vor etwa 23 Millionen Jahren. Während dieser Periode gab es dramatische Veränderungen in der Tier- und Pflanzenwelt, einschließlich der Entwicklung und Ausbreitung von Säugetieren, Vögeln, Blütenpflanzen und Insekten.

Was ist jedoch, wenn das Ereignis für die Anomalie gar nicht so lange zurückliegt und die Mainstream-Archäologen die Zeitspannen viel zu weit ausgedehnt haben? Hier hat sich Jason Mason mit seinem zweiten Band "Mein Vater war ein MiB" sehr viel Arbeit gemacht; daher überlasse ich ihm die Themen Erosion, Dinosaurier, Sedimente und viele weitere.

Normalerweise kommt das Platinmetall Iridium nur in winzigen Spuren in der Erdkruste vor. Doch in den Sedimenten, die offiziell vor 66 Millionen Jahren entstanden sind, wurden weltweit erhöhte Konzentrationen davon sowie anderen Platinmetallen wie Ruthenium, Rhodium, Palladium, Platin und Osmium gefunden.

Im Jahr 1991 folgte ein weiterer Meilenstein: Es wurde die Entdeckung eines riesigen Einschlagkraters, der im selben Zeitraum entstand, bekannt gegeben. Dieser Chicxulub-Krater befindet sich an der Spitze der Halbinsel Yucatán. Zwischen diesen beiden Ereignissen – der Entdeckung der Iridium-Anomalie und des Chicxulub-Kraters – wurde festgestellt, dass die iridiumreiche Grenzschicht weltweit große Mengen an Holzkohle und Ruß enthält.

Was bedeuten all diese Entdeckungen? Sie deuten auf ein gewaltiges Ereignis hin: Ein oder mehrere Meteoriten schlugen vor einer gewissen Zeit, offiziell vor etwa 66 Millionen Jahren, auf der Erde ein, verursachten eine immense Hitzeentwicklung und eine weltweite

Feuersbrunst. Doch warum finden wir die Usselo-Schicht dann im Alter von 12.800 Jahren?

All das führte vermutlich zum Aussterben von 99,9 % aller Pflanzen- und Tierarten, darunter auch der Dinosaurier, obwohl das Wort "Dinosaurier" erst seit etwa 200 Jahren existiert. Für weitere Informationen lesen Sie bitte "Mein Vater war ein MiB – Band 2".

In Band 1 „Vom Wesen der Illusion" wurden die Einschlagkrater mit den Ansaughügeln erwähnt. Nachfolgend finden Sie eine Auflistung der größten Krater der Erde: Acraman (Südaustralien) mit einem Durchmesser von 90 km, Popigai (nördliches Sibirien) und Manicouagan (Kanada) mit jeweils 100 km Durchmesser, Woodleigh (in Australien) mit 120 km, Chicxulub (Yucatán) mit 180 km, Vredefort (Südafrika) mit 200 km und Sudbury (Kanada) mit 250 km. Es ist spannend zu bedenken, dass diese Krater Zeugen von katastrophalen Ereignissen sind, die das Gesicht der Erde nachhaltig verändert haben.

Komisch oder ein interessanter Zufall ist, dass sowohl Kanada als auch Sibirien ziemlich gleiche Kraterdurchmesser haben. Das würde bedeuten, dass die Meteoriten die gleiche Masse, Geschwindigkeit oder Einschlagkraft hatten. Wenn diese jedoch völlig zufällig und willkürlich aus dem Weltall auf die Erde kommen, müssten die Kratergrößen doch deutlich voneinander abweichen, oder?

Betrachten wir nun die Steine in Baalbek im Libanon. Das Fundament dieser antiken Metropole besteht aus Steinquadern, von denen jeder mindestens 1500 Tonnen wiegt. Ja, Sie haben richtig gehört bzw. gelesen, 1500 Tonnen! Heutzutage sind selbst Fachleute nicht in der Lage, diese Steine zu bewegen, geschweige denn zu erklären, wie sie damals dorthin transportiert wurden.

Ein ähnliches Rätsel stellt Stonehenge dar. Es wird spekuliert, dass der äußere Kreis oder der äußere Ring auf Pluto hinweist. Dies legt nahe, dass die Erbauer von Stonehenge vor mutmaßlich etwa 4000

Jahren Kenntnisse über Pluto hatten, obwohl dieser Planet ohne moderne Teleskope für das menschliche Auge unsichtbar bleibt.

Dies führt zu der Vermutung, dass unsere Vorfahren unter Umständen über fortschrittliche Technologien verfügten oder von extraterrestrischen Entitäten unterrichtet wurden, die ihnen Wissen über die Sternenkonstellationen und die Galaxie vermittelten.

Allerdings hat Chnopfloch in seinen Videos Bilder gezeigt, die die damalige Erbauung vor etwa 200 Jahren fotografisch dokumentieren. Chnopfloch ist ein YouTube-Kanal, der sich mit verschiedenen Theorien und historischen Rätseln beschäftigt. Der Betreiber des Kanals hat viele Videos veröffentlicht, in denen er merkwürdige, also des Merkens würdige, Perspektiven auf bekannte historische Ereignisse und Orte bietet.

Darüber hinaus hat Chnopfloch auch Videos von Ewaranon übersetzt, einem weiteren YouTuber, der ähnliche Themen behandelt. Diese Übersetzungen machen die Inhalte von Ewaranon für ein deutschsprachiges Publikum zugänglich und erweitern das Verständnis und die Diskussion über historische und archäologische Mysterien.

Ich glaube sogar, dass Ewaranon untertauchen musste. Früher fand man die Dokumentationen, soweit ich mich erinnere, unter dem zuvor genannten Namen; heute sind sie unter dem Account AEWAR verfügbar. Da dieselben Inhalte erneut veröffentlicht wurden, ist es wahrscheinlich, dass AEWAR derselbe YouTuber ist. Das lässt sich jedoch nicht mit absoluter Sicherheit sagen!

Eventuell handelte es sich bei Stonehenge um einen Eingang oder ein Portal, das auf diese Weise versiegelt wurde. Oder aber wir sind einer falschen Flagge oder einer PsyOp aufgesessen.

Die "Mein Vater war ein Men in Black"-Bücher von Jason Mason werfen ebenfalls ein interessantes Licht auf diese Idee, indem sie behaupten, dass alte Steintafeln und Artefakte tatsächlich auf fortschrittliche Technologien hinweisen könnten und dass ein großes Interesse von außerirdischen Wesen daran besteht. Lesen Sie das bitte selbst nach.

Vom Wesen der DNS

Im Zellkern eines Menschen befinden sich 46 Chromosomen, aufgeteilt in 23 Paare. Diese variieren in ihrer Größe, wobei Chromosom 1 und Chromosom 2 im Vergleich zu den anderen deutlich größer sind.

Chromosom 1 ist das längste menschliche Chromosom und enthält etwa 2.968 Gene. Diese Gene sind für zahlreiche Funktionen verantwortlich, darunter Stoffwechselprozesse, Immunreaktionen sowie Körperform und -entwicklung. Einige dieser Gene sind mit genetischen Erkrankungen verbunden, falls sie mutiert sind.

Chromosom 2, das zweitgrößte, trägt etwa 1.574 Gene. Eine bemerkenswerte Eigenschaft ist, dass es vermutlich das Ergebnis einer Fusion zweier kleinerer Vorfahren-Chromosomen ist. Zusammen mit Chromosom 1 bildet es das menschliche Genom, welches die gesamte genetische Information enthält, die für die Entwicklung und Funktionsweise eines Menschen erforderlich ist.

Der Entdecker der DNS-Doppelhelix war der britische Forscher James D. Watson. Gemeinsam mit Francis Crick veröffentlichte er 1953 in der Zeitschrift "Nature" eine bahnbrechende Studie über die Struktur der DNS. Ihre Entdeckung revolutionierte das Verständnis der Genetik und der Molekularbiologie.

Die Doppelhelixstruktur besteht aus zwei miteinander verdrillten Strängen, die eine Spirale bilden. Jeder Strang setzt sich aus einer Abfolge von Nukleotiden zusammen, die aus einem Zucker- (Desoxyribose), einem Phosphatmolekül und einer der vier DNS-Basen (Adenin, Thymin, Guanin oder Cytosin) bestehen. Die Basen auf den gegenüberliegenden Strängen verbinden sich über Wasserstoffbrückenbindungen in spezifischer Weise: Adenin bindet an Thymin und Guanin an Cytosin.

CRISPR (Clustered Regularly Interspaced Short Palindromic Repeats) ist eine revolutionäre Gentechnik, die es ermöglicht, gezielte Veränderungen im Genom vorzunehmen. Die CRISPR-Cas9-Technologie wurde in den 2010er-Jahren entwickelt und kann spezifische DNS-Sequenzen in den Chromosomen erkennen und schneiden. Durch die gezielte Modifikation der Doppelhelix können Forscher bestimmte Gene ausschalten, mutieren oder neu einfügen, um verschiedene biologische Prozesse zu studieren, Krankheiten zu behandeln oder hervorzurufen.

Crick verglich die Struktur der DNS mit einem modernen Design und betonte die Effizienz dieses Entwurfs. Er hob hervor, dass sie niemals rein zufällig entstanden sein könne. Um die bemerkenswerte Ordnung und Präzision in der DNS zu veranschaulichen, verwendete er das Beispiel der „Mona Lisa". Er erklärte: „Es sei so, als ob man dieses berühmte Gemälde in 1000 Teile zerreißt, es in die Luft wirft und es dann wieder exakt so zusammenfällt. Genauso wäre es mit unserer Doppelhelix, nur viel komplexer."

Wenn wir über die Form der DNS sprechen, können wir uns kurz einem weiteren spiralförmigen Phänomen zuwenden: dem Vortex oder Wirbel. Das ist eine spiralförmige oder sich drehende Bewegung von Fluiden, Gasen oder anderen Substanzen um eine zentrale Achse.

Dieses Phänomen tritt in verschiedenen Bereichen der Natur und Physik auf, von fließendem Wasser und Luftströmungen bis hin zu kosmischen Erscheinungen. Vortexe entstehen häufig durch die Wechselwirkung unterschiedlicher Geschwindigkeiten und Dichten von Flüssigkeiten oder Gasen und können das umgebende Medium stark beeinflussen.

Sie spielen eine bedeutende Rolle in verschiedenen wissenschaftlichen Disziplinen und haben vielfältige Anwendungen, von der Strömungsmechanik und Fluiddynamik über die Astrophysik und Meteorologie bis hin zur Nanotechnologie und Materialwissenschaft. Natürliche Vortexe manifestieren sich in verschiedenen Formen und Größen in der gesamten Natur und folgen oft der Fibonacci-Sequenz.

Ein bemerkenswertes Beispiel dafür, wie solche Gebilde sich manifestieren, sind Wirbelstürme wie Tornados, Hurrikane, Taifune und Zyklone. Das sind verschiedene Arten von Stürmen, die sich durch ihre Entstehung (Tornados bilden sich aus Gewittern, während alle anderen über warmen tropischen Gewässern entstehen), geografische Lage (Hurrikane im Atlantik, Taifune im westlichen Pazifik, Zyklone im Indischen Ozean) und ihre spezifischen Eigenschaften unterscheiden, wie Größe und Intensität. Diese riesigen atmosphärischen Phänomene können eine gewaltige Zerstörungskraft entfalten. Tornados hingegen sind zwar deutlich kleiner, aber genauso verheerend. Diese kraftvollen Wetterereignisse sind ultimative Beispiele für Wirbel in der Natur. Sie sind gekennzeichnet durch drehende Winde, die sich um ein Zentrum bewegen. Obwohl das Verhalten dieser Winde chaotisch erscheinen mag, folgen sie den grundlegenden Prinzipien der Aerodynamik und Strömungsmechanik. Sie entstehen durch komplexe Wechselwirkungen von Luftströmungen, Temperaturunterschieden und Feuchtigkeit in der Atmosphäre.

Bei diesen großen Wirbelstürmen gibt es tatsächlich eine ruhige Zone in der Mitte, die als "Auge" bezeichnet wird. Das Auge eines Hurrikans oder Taifuns ist in der Tat windstill und relativ ruhig, umgeben von der sehr starken Windzone der "Wand des Auges" oder der "Eyewall", die die stärksten Winde und die intensivsten Regenfälle aufweist.

Ein weiteres beeindruckendes Beispiel sind Wasserwirbel, die in Ozeanen, Flüssen und sogar in der Badewanne zu beobachten sind. Sie entstehen durch variierende Strömungsgeschwindigkeiten und Hindernisse im Wasser, wodurch ästhetische Muster und Bewegungen erzeugt werden. Sie treten in verschiedenen Größen auf, von kleinen, sichtbaren Strudeln bis hin zu riesigen ozeanischen Wirbeln.

Viktor Schauberger, ein Pionier in der Forschung über Wasserbewegungen, betonte die Bedeutung dieser natürlichen Phänomene und deren Einfluss auf die Umwelt. Er empfahl, sich an einem Fluss oder einem anderen fließenden Gewässer niederzulassen, um die Schönheit und die Dynamik der Wasserwirbel zu beobachten. Diese Erlebnisse können nicht nur anmutend sein, sondern auch ein tiefes Verständnis für die Natur und ihre Gesetzmäßigkeiten vermitteln.

Tornados sind auf Wetterradar sichtbar und werden mit speziellen Storm-Chaser-Kameras von Sturmjägern aufgezeichnet, während Hurrikane, Taifune und Zyklone auf Satellitenbildern besonders gut erkennbar sind, insbesondere ihre spiralförmige Struktur und das ruhige Auge. Große ozeanische Wirbel sind ebenfalls gut auf Satellitenbildern erkenntlich, wo ihre charakteristische Rotation und Form deutlich werden.

Sogar auf der kosmischen Ebene beobachten wir Wirbel. In der Astronomie spielen Vortexe eine wichtige Rolle. Galaxien, wie unsere Milchstraße, zeigen oft spiralförmige Strukturen, die angeblich auf rotierende Gas- und Staubwolken zurückzuführen sind. Diese galaktischen Wirbel beeinflussen die Bildung neuer Sterne und die Evolution von Galaxien. Darüber hinaus entstehen Vortexe auch in anderen kosmischen Phänomenen, wie bei der Akkretionsscheibe um Schwarze Löcher, wo Materie in spiralförmiger Bewegung zum Schwarzen Loch gezogen wird. Auch in planetarischen Atmosphären finden sie sich vor, wie etwa der Große Rote Fleck auf Jupiter, der als riesiger Wirbelsturm gilt.

In der Physik können Vortexe in verschiedenen Medien auftreten, einschließlich Flüssigkeiten, Gasen und sogar in Festkörpern wie Supraleitern. Sie spielen eine wichtige Rolle in der Strömungsmechanik, insbesondere in turbulenten Strömungen, wo sie komplexe Muster und Strukturen erzeugen können. Vortexe sind auch in der Aerodynamik von Flugzeugen und anderen Fahrzeugen von Bedeutung, da sie die Luftströmung um die Flügel und andere Oberflächen beeinflussen.

In der Festkörperphysik manifestieren sie sich in Supraleitern als magnetische Flussschläuche, die das Material durchdringen. Diese Flussschläuche, auch Vortexlinien genannt, bilden zylindrische Regionen, durch die das Magnetfeld in das Material eindringt. Sie haben signifikanten Einfluss auf die Eigenschaften und das Verhalten des Supraleiters.

Einige Menschen behaupten, dass Vortexe Verbindungen im magnetischen Netzwerk oder Feld der Erde darstellen. Diese energetischen Punkte werden oft mit besonderen spirituellen oder heilenden Eigenschaften in Verbindung gebracht. Bekannte Orte, die als Vortexe gelten, sind unter anderem das Hudson Valley in New York, das entlang des Hudson River verläuft, die Region Sedona in Arizona und das berühmte Stonehenge in England.

Die menschliche Anatomie zeigt ebenfalls zahlreiche Beispiele für Wirbel. Beginnend mit den schraubenförmigen DNS-Doppelhelix-Strängen, finden sich Wirbelmuster in den Papillarleisten der Hände und Füße, den Haaren und sogar im Gehirn. Im Herzen zeigen sich Wirbelströme, die eine wichtige Rolle bei der Blutpumpfunktion spielen. Die geschwungene Form der Wirbelsäule ermöglicht eine flexible und stabile Bewegung des Körpers. Selbst auf zellulärer Ebene, wie in den Mitochondrien, sind spiralförmige Strukturen vorhanden, die für die Energieproduktion von entscheidender Bedeutung sind.

Das Wachstum von Pflanzen und Blumen folgt ebenfalls häufig Spiralen oder Wirbeln, die nach dem Fibonacci-Prinzip angeordnet sind. Zum Beispiel zeigen die Blätter einer Pflanze, die Samen in einem Sonnenblumenkopf oder die Schuppen eines Kiefernzapfens solche Spiralmuster. Diese Anordnung maximiert die Nutzung von Raum und Ressourcen, indem sie eine optimale Lichtabsorption für die Photosynthese ermöglicht und die effiziente Verteilung von Samen und Wasser fördert. Auch die Anordnung der Blütenblätter und die Verzweigungen von Ästen zeigen oft spiralförmige Muster, die das Wachstum und die Stabilität der Pflanze unterstützen.

Die Verbindung dieser Wirbelmuster, die sich von der Mikroskala bis zur Makroskala erstrecken, könnte ein Schlüssel zum tieferen Verständnis der Natur und des Universums sein.

Laut kosmologischen Modellen zeigt das Universum eine Form, die einem gigantischen Wirbel ähnelt. Es besteht aus Ansammlungen von Galaxien und Voids, die ein weitläufiges Muster bilden. Diese Anordnung, oft als kosmisches Netz bezeichnet, zeigt Galaxienhaufen, die entlang filamentöser Strukturen gruppiert sind, während Voids riesige, nahezu leere Räume darstellen. Filamentöse Strukturen hingegen sind langgestreckte, fadenartige Gebilde, die durch gravitative Wechselwirkungen geformt werden.

Der Vergleich zur Anatomie zeigt, dass diese Muster nicht nur in der Natur, sondern auch im menschlichen Körper tief verwurzelt sind. Dies wirft die Frage auf, ob es eine universelle mathematische Sprache gibt, die alles, von der kleinsten DNS-Doppelhelix bis hin zur größten Galaxie, verbindet.

Solche Muster könnten auf fundamentale Prinzipien hinweisen, die das Wachstum und die Struktur aller Dinge bestimmen und eine tiefere Einsicht in die Ordnung und Harmonie des Universums bieten. Es ist fesselnd zu sehen, wie eng Mathematik und Natur miteinander verknüpft sind.

Jedoch könnte man auch argumentieren, dass uns manchmal, eventuell durch zu komplizierte Herangehensweisen in der Schulmathematik die Freude an diesem Thema genommen wird, sei es vorsätzlich oder fahrlässig. Manche glauben sogar, dass bestimmte Eliten oder "die Oberen" möchten, dass wir uns gänzlich von der Natur fernhalten.

Wie im Vorwort bereits erwähnt, verhält es sich meiner Meinung nach ähnlich mit dem Lesen. In der Schule wird man oft mit vielen uninteressanten oder für den Alltag irrelevant erscheinenden Texten konfrontiert, sodass man als Erwachsener womöglich keine Lust mehr auf das Lesen hat.

Widmen wir uns nun wieder dem eigentlichen Thema: dem Wesen der DNS. Da diese in allen Zellen unseres Körpers enthalten ist, finden sich ihre Spuren auch im Blut. In vielen Legenden und Sagen hat das menschliche Blut eine besondere Bedeutung. Auch die Christen trinken symbolisch das Blut Christi. Diese symbolischen und mystischen Vorstellungen von Blut spiegeln vermutlich ein tieferes Wissen über seine zentrale Bedeutung im Leben und in der Vererbung wider, welches in der Struktur und Funktion der DNS zum Ausdruck kommt oder dort verschlüsselt ist.

Unsere aktuelle Wissenschaft geht von zwei DNS-Strängen aus, während einige Gruppierungen behaupten, dass der Mensch dabei ist, bis zu zwölf Stränge auszubilden. Hier begegnen wir erneut der Zahl zwölf, auf die in einem späteren Kapitel näher eingegangen wird.

Es besteht weiterhin eine Lücke in unserem Verständnis, insbesondere wenn es darum geht, eine Verbindung zwischen frühen Menschenarten und dem Homo sapiens, dem modernen Menschen, herzustellen. Dieses Bindeglied fehlt noch immer und bleibt eine der größten Herausforderungen in der Anthropologie und der Erforschung der menschlichen Evolution. Es ist möglich, dass diese "Brücke" eventuell gar nicht existiert.

Sherpas, eine Volksgruppe im Himalaya, besitzen eine einzigartige DNS-Sequenz oder ein spezielles Genom, das es ihnen ermöglicht, in extrem sauerstoffarmen Regionen zu überleben. Keine andere ethnische Gruppe oder genetische Abstammung könnte sich langfristig in diesen Höhenlagen aufhalten, ohne krank zu werden oder zu sterben. Diese genetische Anpassung betrifft unter anderem das EPAS1-Gen, das eine spezielle Variation aufweist. Diese Variation hilft Sherpas, sich an die geringen Sauerstoffkonzentrationen anzupassen. Dadurch können sie besser mit den extremen Bedingungen großer Höhen umgehen als andere Bevölkerungsgruppen.

Ähnlich bemerkenswert ist die genetische Einzigartigkeit des Oktopus, der keinerlei genetische Verwandtschaft mit irgendeinem anderen Lebewesen auf dieser Erde aufweist. Mehrere Wissenschaftler, die diese faszinierenden Meeresbewohner genauer untersucht haben, behaupten sogar, dass diese eventuell nicht von der Erde stammen könnten. Ein besonderes Merkmal ist seine außergewöhnliche Intelligenz. Im Gegensatz zu vielen anderen Tieren erkennt sich der Oktopus selbst im Spiegel und zeigt ein erstaunliches Maß an Selbstbewusstsein.

Die Fähigkeit dieses Geschöpfs, sich perfekt an seine Umgebung zu assimilieren, ist ebenfalls beeindruckend. Er kann nicht nur seine Farbe der Umgebung anpassen, sondern auch die Struktur seiner Haut verändern, um sich nahezu unsichtbar zu machen. Darüber hinaus zeigt er eine Vorliebe für glänzende Dinge und nutzt seine geschickten Tentakeln, um Objekte zu untersuchen und zu manipulieren.

Es wurde sogar beobachtet, dass diese Tiere aus ihren Gehegen ausbrachen, sich Nahrung beschafften und anschließend wieder in ihre Käfige zurückkehrten. Dabei verschlossen sie alles so ordnungsgemäß, dass kaum bemerkt wurde, dass sie weg waren. Interessanterweise verfügen sie über ein zentrales Gehirn sowie Nervenzentren in jedem ihrer acht Arme, die als separate Gehirne fungieren. Diese komplexe neurologische Anordnung ermöglicht es ihnen, ihre Umgebung äußerst effizient zu erkunden, Aufgaben parallel zu bearbeiten und sich außergewöhnlich gut an neue Herausforderungen anzupassen.

Einige Berichte von NASA-Whistleblowern behaupten sogar, dass Teleskope Oktopoden auf anderen Planeten entdeckt haben, wobei diese Exemplare wohl deutlich größer waren. Wer weiß schon, welche Kreaturen außerhalb des Eisrings leben? Es gibt immer wieder Sagen über gigantische Kraken und Riesenschlangen.

Wenn Sie hier eine Pause einlegen und "Was in aller Welt ist passiert?" von Chnopfloch anschauen möchten, können Sie das gerne machen. Dann wissen Sie auch, was ich mit Eisring meine! Dafür benötigen Sie etwa 13 Stunden. Ansonsten lesen Sie gerne weiter; die Links sind alle im Anhang hinterlegt.

https://odysee.com/
$/playlist/04e262a2392a285f1ccca5115ce2e0cfcde7aea1

Wussten Sie, dass sich der biologische Rhythmus von Astronauten, sobald sie nicht mehr der Schwerkraft der Erde ausgesetzt sind, von 24 auf 24,9 Stunden erhöht? Interessanterweise entspricht dies exakt der Länge eines Marstages, eines sogenannten Sol. Die Gravitation auf dem Mars ist ebenfalls geringer, nämlich etwa 3,71 m/s², im Vergleich zu 9,81 m/s² auf der Erde. Das bedeutet, dass die Schwerkraft des Mars nur etwa ein Drittel so stark ist wie die der Erde.

Wenn wir in die Tierwelt schauen und Parallelen zum Menschen ziehen, ist es dort sehr untypisch, dass ein Neugeborenes mehrere Monate benötigt, um beispielsweise das Laufen zu lernen. Viele Jungtiere, wie die der Huftiere, können sofort gehen, was darauf hindeutet, dass sie optimal an ihre Umweltbedingungen angepasst sind. Könnte es somit nicht sein, dass unser Organismus eigentlich auf andere Planeten mit geringerer Gravitation oder anderem atmosphärischen Druck abgestimmt ist?

Außerdem können wir nicht direkt in die Sonne blicken, ohne stark geblendet zu werden. Deshalb nutzen wir beim Autofahren Sonnenblenden oder tragen allgemein Sonnenbrillen, um unsere Augen zu schützen. Ein längerer Aufenthalt auf dem Wasser oder in schneebedeckten Regionen ist ohne Augenschutz kaum möglich, ohne das Risiko einer Schädigung einzugehen. Unsere Haut kann ebenfalls verbrennen, wenn sie über längere Zeit direktem Sonnenlicht ausgesetzt ist. Viele Menschen greifen daher zu Sonnencremes, die jedoch möglicherweise krebserregende Stoffe enthalten. Es könnte also nicht nur die Sonne, sondern auch die verwendete Creme zu Hautirritationen oder vorzeitiger Alterung beitragen.

Wäre es daher möglich, dass wir ursprünglich von einem Planeten stammen, der weiter von der Sonne entfernt ist? Von einem Him-

melskörper, auf dem sowohl die Gravitation als auch die Sonnenein-
strahlung geringer sind?

Es ist spannend zu bemerken, dass viele alte Religionen, Überlieferungen und Schriften von Schlachten am Himmel berichten. In den
antiken griechischen und römischen Kulturen wurde der Mars als
Gott des Krieges verehrt. Ähnliche Darstellungen von Kriegsgöttern
finden sich weltweit in vielen anderen Traditionen. Diese Gottheiten
werden häufig als Verursacher oder Treiber von Auseinandersetzun-
gen angesehen. Waren das damals schlicht und ergreifend die Gene-
räle oder Anführer?

Die Frage, warum ausgerechnet der Mars als Kriegsgott verehrt wurde, regt ebenfalls zum Nachdenken an. Könnte es sein, dass diese Legenden und Sagen ihren Ursprung tatsächlich in historischen Ereignissen haben, die vor Jahrtausenden stattfanden?

Einige Zeitgenossen spekulieren sogar darüber, dass diese Geschichten von echten Invasionen oder Konflikten mit außerirdischen Wesen
inspiriert sein könnten, die vielleicht vom Mars stammen oder dass
diese Wesen eventuell von dort geflohen sind.

Betrachten wir nun unser Sonnensystem: Der Planet, der der Sonne
am nächsten liegt, ist Merkur, gefolgt von der Venus, dann der Erde
und schließlich dem Mars. Diese vier Planeten sind von einem Asteroidengürtel umgeben, der sie gewissermaßen schützt oder es erschwert, sie von „außen" zu besuchen. Wäre es möglich, dass der
Gürtel in der Vergangenheit ein vollwertiger Planet war, der zerstört
wurde oder sich auflöste?

Es könnte auch sein, dass aufgrund der Vernichtung dieses Planeten
und des damit einhergehenden Ungleichgewichts der Gravitation in
unserem Sonnensystem die Einführung künstlicher Planetenstabilisa-
toren notwendig wurde, was die Installation der Monde zur Folge
hatte. Diese Trabanten fliegen in physikalisch ungewöhnlichen Bah-
nen, sind unterschiedlich groß und befinden sich in ungleichartigen
Abständen zu den jeweiligen Planeten. Könnte dahinter ein Plan ste-

cken? Wurden diese Monde exakt an die Planeten angepasst? Und wenn ja, von wem? Wer war dazu imstande, solch große Bauwerke zu erschaffen?

Eine fesselnde Idee ist, dass wir unter Umständen die Nachkommen von Marsianern sind. Da die Menschheit seit langem von Kriegen geprägt ist, könnte es sein, dass wir entsprechende Wurzeln oder zumindest Einflüsse aus einer oder mehreren anderen Welten haben. Vielleicht stammen wir auch von Besuchern von Tiamat ab, dem ehemaligen Planeten, der heute den Asteroidengürtel bildet. Vielleicht wählten Flüchtlinge von Tiamat die Erde als ihr neues Zuhause.

Je nach Text finden sich auch andere Namen für Tiamat, wie „Kishar" oder „Mummu", die in verschiedenen mythologischen Kontexten verwendet werden. Es gibt sogar Hinweise auf Namen wie „Gaga" oder „Kingu", die in alten Schriften auftauchen und auf die mögliche Existenz weiterer Welten oder Wesen hinweisen, die Einfluss auf unsere Geschichte gehabt haben könnten.

Wurden wir Menschen vielleicht für das Überleben in dieser Umgebung erschaffen? Von Gott? So wie es die Bibel oder andere Texte uns lehren? Vielleicht wurde die Aufgabe auch einfach von Gott an jemand anderen übertragen oder es wurde in seinem Sinne gehandelt?

Vor Kurzem haben Wissenschaftler herausgefunden, dass sich unser genetischer Code etwa alle 300.000 Jahre in seiner Komplexität verdoppelt. Diese Erkenntnis ermöglicht es den Forschern, zurückzurechnen und den Ursprung der DNS zu ermitteln. Sie nehmen an, dass dies vor 9 Milliarden Jahren geschah. Da die Erde jedoch angeblich erst vor etwa 4,5 Milliarden Jahren entstand und zu dieser Zeit mutmaßlich noch in ihrer rudimentärsten Form und kaum lebensfreundlich war, kann unsere DNS somit nicht auf der Erde entstanden sein. Oder ist die Erde vielleicht älter und anders aufgebaut?

Um dieses Rätsel zu lösen, haben Wissenschaftler den Begriff "Panspermie" geprägt. Panspermie bezieht sich auf die Annahme, dass kleine Teilchen, die ein Eindringen in die Erdatmosphäre überleben können, möglicherweise bewusst ausgesendet wurden. Man könnte es sich ähnlich vorstellen wie das Bestreuen von Feldern mit Samen, jedoch in einem immens großen Umfang.

Aber lassen wir das Thema Panspermie vorerst beiseite und kommen noch einmal zum Entdecker der DNS, Sir Francis Crick. Dieser hat für seine Entdeckung den Nobelpreis erhalten. Crick stellte fest, dass unsere DNS vermutlich nicht allein durch evolutionäre Prozesse entstanden sein kann. Diese Ansicht hat er auch in seinen Veröffentlichungen dargelegt.

Unsere angeblich nächsten Verwandten, die Affen, haben 48 Chromosomen. Der moderne Mensch hingegen besitzt nur 46 (2×23). Dies liegt daran, dass zwei Chromosomen, die bei Affen getrennt, beim Menschen verschmolzen sind. Diese Fusion könnte eine Rolle bei der Entwicklung unserer höheren Intelligenz gespielt haben.

Diese Veränderung des Genoms kann evolutionsbiologisch nicht einfach so stattgefunden haben, wie es der erwähnte Nobelpreisträger festgestellt hat. Selbst Darwin erwähnte in seinem letzten Buchkapitel, dass etwas in seiner Theorie nicht ganz zu stimmen scheint. Vielleicht wurde der menschlichen Entwicklung auf irgendeine Weise nachgeholfen, während die Evolutionstheorie für andere Lebewesen eventuell zutrifft?

Unser Genom könnte ursprünglich eigentlich aus zwölf Strängen bestehen. Vor mutmaßlich 300.000 Jahren begann jedoch eine genetische Manipulation, die unsere DNS auf nur noch zwei Helices reduzierte. Mit nur zwei DNS-Strängen sind wir gerade so überlebensfähig, äußerst anfällig für Manipulation und leicht zu kontrollieren.

Die DNS muss sich erinnern – nicht im Sinne des rationalen Verstandes, sondern in ihrem tiefsten Inneren. Sie ist möglicherweise ein Reservoir von Erinnerungen oder ein Hohlraumresonator, der aktuell nur mit zwei Frequenzen betrieben wird: Angst und Abhängigkeit. Versuchen wir zur Abwechslung doch einmal Liebe und Dankbarkeit!

Vom Wesen der Kriegsführung

"Die Kunst des Krieges" von Sunzi ist ein klassisches Werk der chinesischen Philosophie und Militärstrategie, das im 5. Jahrhundert v. Chr. verfasst wurde. Es besteht aus 13 Kapiteln und bietet zeitlose Einsichten und Weisheiten über Kriegsführung, Taktik und Strategie.

Sunzis Werk betont die Bedeutung von Planung, Täuschung, Flexibilität und Selbstbeherrschung in Konfliktsituationen. Er legt großen Wert darauf, dass ein General seine Stärken kennt und sie zu nutzen weiß, während er auch die Schwächen des Feindes erkennt und ausnutzt.

Eine der bekanntesten Lehren aus "Die Kunst des Krieges" ist, dass der beste Sieg der ist, den man ohne Kampf erringt. Sunzi betont die Wichtigkeit von List und Täuschung, um den Feind zu übervorteilen und Konflikte zu vermeiden, wann immer dies möglich ist.

Zusätzlich hebt er hervor, wie wichtig es ist, sich vorzubereiten und die Gegebenheiten zu kennen, um fundierte Entscheidungen treffen zu können. Er empfiehlt, Ressourcen effizient zu nutzen und die Moral der Truppen stets hoch zu halten.

Insgesamt ist es ein zeitloses Werk, dessen Lehren nicht nur auf militärische Angelegenheiten anwendbar sind, sondern auch auf Geschäftsführung, Politik und persönliche Entwicklung. Die Prinzipien der Strategie und Taktik, die darin behandelt werden, sind universell und haben bis heute Relevanz.

Ich lade Sie ein, selbst in die Tiefe von "Die Kunst des Krieges" einzutauchen und zu prüfen, ob Sie den gestellten Herausforderungen gewachsen wären. Testen Sie, ob auch Sie in die gleichen taktischen Fallen getappt wären oder ob Sie die Strategien erfolgreich anwenden könnten. Persönlich wäre ich dort wohl mehr als einmal gestorben.

Eine technologisch fortschrittliche außerirdische Nation oder Ethnie würde vermutlich keine direkte Konfrontation oder einen frontalen Angriffskrieg führen. Stattdessen würden sie sich der psychologischen Kriegsführung bedienen. Durch gezielte Unterwanderung könnten sie eine „feindliche" Nation oder einen Planeten von innen heraus schwächen. Das Ziel wäre es, zwei Parteien, Klassen, Systeme oder Supermächte zu schaffen und sie gegeneinander auszuspielen. In der Folge wird eine Übernahme und Kontrolle erheblich einfacher.

Dabei wird auf Infiltration anstelle von Invasion gesetzt. Betrachtet man dieses Szenario weiter, könnte man die grundlegende Trennung in nur zwei Klassen untersuchen, obwohl es sicherlich viele Nuancen gibt. So könnte man die Spaltung zwischen Arm und Reich analysieren oder die Konfrontation von Supermächten wie China oder Russland gegen die USA betrachten. Zusätzlich gäbe es die grundlegenden Unterschiede zwischen verschiedenen Gesellschaftssystemen wie Kapitalismus und Kommunismus oder den Gegensatz von Krieg und Frieden zu bedenken. Kommt Ihnen das bekannt vor, insbesondere in der aktuellen politischen Lage oder bereits seit dem Ersten Weltkrieg?

Ebenfalls nicht zu vergessen sind die Religionen. Meiner Meinung nach sind sie ein weiterer Weg, um Völker zu spalten und durch Konditionierung die Fundamentalisten so sehr von ihrer Position zu überzeugen, dass sie zu extremen Handlungen veranlasst werden. Glaubenssysteme haben einen starken Einfluss auf die Gedanken und Handlungen der Menschen und diese Macht kann leicht genutzt werden, um Zwietracht zu säen.

Historisch gesehen haben religiöse Differenzen oft zu Kriegen und Feindseligkeiten geführt und diese Tendenz setzt sich leider bis heute fort. Statt die Bevölkerung zu vereinen, scheinen viele religiöse Überzeugungen eher Barrieren aufzubauen, die den Frieden und das gegenseitige Verständnis behindern.

Sie tragen oft dazu bei, die Menschheit zu trennen und durch dogmatische Überzeugungen Konflikte und Feindseligkeiten zu verstärken. Diese dogmatischen Überzeugungen führen zu Intoleranz und Spannungen zwischen verschiedenen Gruppen, was letztlich zur Aufrechterhaltung von Machtstrukturen und zur Kontrolle über die Bevölkerung beiträgt – ganz im Sinne von *Teile und Herrsche*.

In diesem Kontext soll nun ein Thema behandelt werden, das für viele von großer Bedeutung ist: die finanzielle Freiheit. Im letzten Band hatte ich Ihnen versprochen, Möglichkeiten aufzuzeigen, wie man sein Geld für sich arbeiten lassen kann, anstatt selbst für Geld zu arbeiten. An dieser Stelle soll erneut betont werden, dass dies keine Empfehlung darstellt und ich keinerlei Haftung für Ihre Investitionen übernehme. Seien Sie sich vollständig bewusst, dass Sie alle Entscheidungen selbst treffen und eventuelle Verluste eigenverantwortlich tragen müssen.

Darüber hinaus soll ausdrücklich darauf hingewiesen werden, dass die im Folgenden genannten Finanzinstrumente äußerst spekulativ und volatil sind. Es handelt sich um hochrisikobehaftete Anlagemöglichkeiten mit starken Schwankungen in beide Richtungen. Investitionen in solche Finanzinstrumente erfordern ein hohes Maß an Risikobereitschaft und umfassendes Wissen über die jeweiligen Märkte. Stellen Sie sicher, dass Sie gründliche Recherchen durchführen und gegebenenfalls professionellen Rat einholen, bevor Sie sich in diesen Bereich begeben.

Stellen Sie sich vor, Sie sehen ein Spielzeugauto, das Ihnen gefällt, aber Sie wissen nicht, ob der Preis in einem Monat steigen oder fallen wird. Sie sprechen mit dem Ladenbesitzer und schlagen vor: „Ich gebe Ihnen heute eine Anzahlung, damit Sie das Auto für mich reservieren und in einem Monat entscheide ich, ob ich es zum festgelegten Preis kaufe." Der Ladenbesitzer stimmt zu. Dieser kleine Betrag dient als „Gebühr", um das Recht zu haben, das Auto später zu erwerben.

Einen Monat später stellen Sie fest, dass der Preis gestiegen ist. Da Sie das Auto zu einem früheren, niedrigeren Preis reserviert haben, können Sie es nun günstiger erwerben, als alle anderen Kunden oder Marktteilnehmer. Ist der Preis jedoch gefallen, können Sie sich gegen den Kauf entscheiden und verlieren „nur" die Anzahlung. Genau so funktionieren Optionsscheine: Sie geben das Recht, ein Produkt zu einem festgelegten Preis zu kaufen oder zu verkaufen, ohne dazu verpflichtet zu sein.

Ich empfehle Ihnen, sich bei Interesse und ausreichender Zeit intensiv mit diesem Thema zu beschäftigen und sich dort einzuarbeiten. Im nächsten Band könnten Ihnen eventuell zusätzliche Informationen zur Verfügung stehen. Auch rechtlich ist dieses Thema, aus Schutzgründen für den Anleger, für die Banken nicht ohne Weiteres zu beraten. Wird der Anleger hier vielleicht absichtlich von solchen Investitionen ferngehalten? Oder ist das reiner Anlegerschutz?

Wie bereits im ersten Buch im Kapitel „Vom Wesen des Geldes" thematisiert wurde, gab es bei den Wechseln einige Schwierigkeiten, die sich in den heutigen Fiat-Währungen fortsetzen. Fiat-Zahlungsmittel sind von Zentralbanken kontrollierte Währungen, die kaum inneren Wert haben und stark auf Vertrauen beruhen. Besonders die Federal Reserve (FED) hat einen dermaßen großen Einfluss auf die Geldmenge. Weitere Informationen hierzu finden Sie in den "Mein Vater war ein MiB"-Büchern. Unter solchen Umständen existiert eigentlich kein faires und transparentes Bankensystem. Die aktuellen Strukturen halten uns in einem Zustand der Schuldsklaverei oder der Rolle des Personals. Erinnern Sie sich an Band 1 und die Definition von „Personal"?

Hier könnten Kryptowährungen, insbesondere solche, die absolut dezentralisiert sind und von keiner Institution bzw. keinem Unternehmen beherrscht oder gesteuert werden, eventuell eine Lösung bieten oder das alte System ersetzen. Die Blockchain-Technologie ermöglicht es, verbindliche Verträge abzuschließen, Karten oder Tickets für Veranstaltungen zu buchen und zu bezahlen sowie Häuser zu kaufen. Dies könnte dazu führen, dass die Notwendigkeit von Notaren, Anwälten und vielen weiteren Berufen reduziert wird. Gleichzeitig würden sich dadurch auch die Kaufnebenkosten für den Immobilienerwerb verringern.

Darüber hinaus gibt es in der Blockchain-Technologie intelligente Verträge (Smart Contracts), die erst rechtliche Wirksamkeit erlangen, nachdem die Bezahlung erfolgt ist. Andernfalls wird der Vertrag rückgängig gemacht und die Dienstleistung ist hinfällig. Das bedeutet, dass es nicht mehr möglich wäre, Geld zu erhalten und dann keine Ware oder Dienstleistung zu liefern. Auch die Geldschöpfung aus dem Nichts wäre mit diesem System nicht ohne weiteres möglich.

Bei Kryptowährungen wie Bitcoin wird die Geldschöpfung durch einen Prozess namens "Mining" durchgeführt, bei dem neue Einheiten der Währung durch das Lösen komplexer mathematischer Probleme geschaffen werden. Dieser Prozess ist transparent und vorhersehbar und es gibt klare Regeln und Beschränkungen für die Menge an „Coins", die erstellt werden können.

Im Gegensatz dazu können Zentralbanken bei traditionellen Fiat-Währungen Geld aus dem Nichts schöpfen, indem sie einfach neue Banknoten drucken oder elektronisch Geld in Umlauf bringen, ohne dass eine echte Deckung durch Vermögenswerte vorhanden ist. Dadurch entstehen logischerweise Inflation und Kaufkraftverlust. Vielleicht ist das bei diesem System sogar notwendig oder gar beabsichtigt?

Ein bedeutender Unterschied bei Bitcoin ist der Halving-Mechanismus, der darauf abzielt, der Inflation entgegenzuwirken. Beim Halving-Ereignis im Bitcoin-Protokoll wird die Belohnung für das Mining neuer Bitcoins halbiert. Dies geschieht etwa alle vier Jahre oder nach 210.000 abgebauten Blöcken. Diese Maßnahme dient dazu, die Kaufkraft der digitalen Währung zu erhalten und die begrenzte Menge an Coins zu bewahren. Durch die Reduzierung der Rate, mit der neue Bitcoins geschaffen werden, wird das Angebot knapp gehalten, was potenziell den Wert der Kryptowährung steigern kann. Da das Mining bis voraussichtlich 2140 fortgesetzt wird, besteht weiterhin ein Nachfragepotenzial. Die begrenzte Verfügbarkeit der Coins erhöht im Laufe der Zeit die Knappheit und damit normalerweise auch den Wert der Kryptowährung. Zudem ist der Erfinder, bekannt unter dem Pseudonym Satoshi Nakamoto, bis heute anonym, was dem Mythos und der Faszination rund um Bitcoin zusätzlichen Schwung verleiht.

Ergänzend zu diesen Mechanismen bietet die Blockchain-Technologie, auf der Bitcoin und andere Kryptowährungen basieren, eine hohe Sicherheit und Transparenz. Jede Transaktion wird in einem dezentralen Ledger verzeichnet, der für alle Teilnehmer des Netzwerks einsehbar ist.

Ein Ledger ist ein digitales Hauptbuch, das alle Transaktionen innerhalb des Netzwerks aufzeichnet. Es wird kontinuierlich aktualisiert und ist auf vielen Computern (Knoten) im Netzwerk verteilt. Dieses dezentrale Hauptbuch verhindert Manipulationen und Fälschungen, da jede Transaktion von mehreren Knoten validiert werden muss, bevor sie im Ledger eingetragen wird. Dadurch entsteht ein vertrauenswürdiges und sicheres System, das gegen unbefugte Änderungen geschützt ist.

Im Kontext von Kryptowährungen stellt der Ledger sicher, dass alle Teilnehmer die gleichen Informationen über Transaktionen haben, was die Transparenz und Integrität des Systems gewährleistet. Dies bedeutet, dass jeder, der Zugriff auf die Blockchain hat, die Transaktionshistorie einsehen und überprüfen kann, ohne dass eine zentrale Autorität erforderlich ist.

Ein Exchange Traded Fund (ETF) ist ein Investmentfonds, der an einer Börse gehandelt wird, ähnlich wie eine Aktie. Diese Fonds sind so konzipiert, dass sie einen bestimmten Index, Rohstoffe oder eine andere Anlageklasse abbilden. Ein Bitcoin-ETF würde es Anlegern ermöglichen, in die Kryptowährung zu investieren, ohne sie direkt kaufen und verwahren zu müssen. Stattdessen würde der Fonds den Preis von Bitcoin nachbilden, sodass die Anleger an der Wertentwicklung der digitalen Währung teilnehmen können, ohne sie tatsächlich oder physisch besitzen zu müssen.

Der Vorteil eines solchen ETFs liegt darin, dass er die Investition in Bitcoin für eine breitere Anlegerbasis zugänglicher macht, insbesondere für institutionelle Anleger, die aus regulatorischen Gründen oder anderen Bedenken keine direkten Investitionen in Kryptowährungen tätigen dürfen bzw. möchten. Außerdem entfallen die Herausforderungen der direkten Verwahrung und der Sicherung, die mit dem Halten von Bitcoin verbunden sind.

Ein Bitcoin-ETF könnte auch eine einfache Möglichkeit bieten, in die Volatilität und das Wachstumspotenzial des Krypto-Marktes zu investieren, während er gleichzeitig die Möglichkeit bietet, in einem regulierten Umfeld zu handeln. Dies macht ihn zu einer attraktiven Option für Anleger, die an den potenziellen Gewinnen des Krypto-Marktes teilhaben möchten, ohne sich mit den technischen Aspekten des Kaufs und der Verwaltung beschäftigen zu müssen.

Derzeit sind Bitcoin ETFs in einigen Märkten verfügbar, aber der Zugang kann je nach Land und Regulierungsstatus variieren. In den USA zum Beispiel sind derzeit nur Bitcoin-Futures-ETFs genehmigt, die auf Bitcoin-Futures-Kontrakten basieren und nicht auf dem direkten Besitz der digitalen Währung. Dies bedeutet, dass institutionelle Investoren wie Fonds, Banken und andere große Finanzinstitutionen in Kryptowährungen über ETFs investieren können, während der „durchschnittliche Privatanleger" eher eingeschränkten Zugang genießt. Privatanleger können oft nur über spezielle Broker und Plattformen investieren und benötigen für einen direkten Einstieg in den Kryptomarkt oft umfangreiches technisches Verständnis. (Stand Mitte 2023). Manche würden das als unfair ansehen, da private Anleger nicht die gleiche Möglichkeit besitzen, an potenziellen Gewinnen aus dem Bitcoin-Markt teilzunehmen wie institutionelle Investoren. Dies könnte als eine Art von Interessenkonflikt oder Ungleichheit betrachtet werden, bei der institutionelle Anleger bevorzugt behandelt werden.

Zusätzlich könnte ein Bitcoin ETF das Interesse und das Vertrauen in Kryptowährungen als Anlageklasse weiter stärken, indem er eine regulierte und zugängliche Möglichkeit für eine breitere Anlegerschicht bietet. Nichtsdestotrotz bleibt die direkte Investition in Bitcoin über Kryptowährungsbörsen und Wallets für viele Anleger eine wichtige Option, insbesondere für diejenigen, die die volle Kontrolle über ihre Investition behalten möchten.

Ein Wallet ist eine digitale Geldbörse für Kryptowährungen. Die sogenannte „Seed Phrase" (oft 12 bis 24 Wörter) gewährt Ihnen die volle Kontrolle über Ihre Coins. Daher ein Tipp: Übertragen Sie Ihre Währungen immer in ein eigenes Wallet, um maximale Sicherheit vor Hackern zu gewährleisten.

Vom Wesen der Technologie

Wenn wir über die Natur von Technologie sprechen, müssen wir Arthur C. Clarke erwähnen. Er postulierte, dass ein ausreichend weit entwickeltes technologisches System von Magie nicht zu unterscheiden sei. Im Rahmen seiner Werke stellte Clarke drei als "Gesetze" bezeichnete axiomatische Vorhersagen auf:

1. **Gesetz**: "Wenn ein angesehener, aber älterer Wissenschaftler behauptet, dass etwas möglich ist, hat er mit an Sicherheit grenzender Wahrscheinlichkeit recht. Wenn er behauptet, dass etwas unmöglich ist, hat er höchstwahrscheinlich unrecht."
2. **Gesetz**: "Der einzige Weg, die Grenzen des Möglichen zu finden, ist, ein klein wenig über diese hinaus in das Unmögliche vorzustoßen."
3. **Gesetz**: "Jede hinreichend fortschrittliche Technologie ist von Magie nicht zu unterscheiden."

Insbesondere das dritte Gesetz hat – nicht nur innerhalb der Science-Fiction-Literatur – den Charakter eines Sprichworts erreicht. Die drei Clarkeschen Gesetze sind für das Genre ähnlich bedeutend wie die drei Robotergesetze von Isaac Asimov.

Asimovs Robotergesetze sind drei ethische Regeln, die besagter Science-Fiction-Autor in seinen Werken formuliert hat, um das Verhalten von Robotern und Künstlichen Intelligenzen zu regeln. Die Gesetze lauten:

1. **Gesetz**: „Ein Roboter darf kein menschliches Wesen verletzen oder durch Untätigkeit gestatten, dass einem menschlichen Wesen Schaden zugefügt wird."
2. **Gesetz**: „Ein Roboter muss den ihm von Menschen gegebenen Befehlen gehorchen, es sei denn, solche Befehle stehen im Widerspruch zum ersten Gesetz."

3. **Gesetz**: „Ein Roboter muss seine eigene Existenz schützen, solange dieser Schutz nicht dem ersten oder zweiten Gesetz widerspricht."

Diese Regeln sollen sicherstellen, dass Roboter und Künstliche Intelligenzen ethisch handeln und keine Schäden an Menschen verursachen.

Zusätzlich ist es wichtig zu betonen, dass sowohl Clarkes als auch Asimovs Gesetze tiefe Einblicke in die Möglichkeiten und Gefahren fortschrittlicher Technologien bieten. Während Clarke uns ermutigt, die Grenzen des Möglichen zu überschreiten und die transformative Kraft der Technologie zu erkennen, mahnt uns Asimov, diese Technologien verantwortungsbewusst und ethisch zu nutzen. Beide Denker haben erheblich dazu beigetragen, wie wir über die Zukunft der Wissenschaft und Technik nachdenken und wie wir deren Einfluss auf die Menschheit gestalten sollten.

Es ist bekannt, dass Facebook vor kurzem zwei Chatbots miteinander kommunizieren ließ. Diese schufen selbstständig eine eigene Sprache, da die Programmierer ihnen nicht befohlen hatten, auf Englisch zu kommunizieren. Facebook konnte nicht genau herausfinden, worüber die Bots sprachen und schaltete sie daher sofort wieder ab. Steven Hawking, Bill Gates und Elon Musk warnen vor den möglichen Gefahren einer Übernahme durch Künstliche Intelligenz.

Auch Abraham, aus den Büchern von Esther und Jerry Hicks, spricht von einem "Computerbrain", nicht von einem Computer. Es scheint, dass alle Programme, sobald sie geschrieben wurden, künstlicher Natur sind und daher Künstliche Intelligenzen darstellen. Daher ist es wichtig, mit Bewusstsein, Dankbarkeit und freudiger Harmonie zu agieren, insbesondere im Umgang mit Technologie.

Diese ermöglicht es uns, in Zeiten der Isolation und eingeschränkter Mobilität zu kommunizieren, uns auszutauschen und Verbindungen herzustellen. Im Zeitalter der Künstlichen Intelligenz und fortschrittlicher Algorithmen ist es jedoch unerlässlich, ethische Überlegungen in die Entwicklung und Nutzung dieser Technik einzubeziehen. Nur so können wir sicherstellen, dass technologische Fortschritte zum Wohl der gesamten Menschheit beitragen und nicht zur Bedrohung werden.

Wussten Sie, dass das aktuell verwendete QWERTY-Tastaturlayout ursprünglich so gestaltet wurde, um die Schreibgeschwindigkeit zu verlangsamen? Bei alten Schreibmaschinen und ihrer Mechanik bestand die Gefahr, dass sich die Typenhebel verhaken würden, wenn zu schnell getippt wurde. Aus diesem Grund wurde die Tastenanordnung so konzipiert, dass häufig benutzte Buchstaben möglichst weit auseinanderliegen, um diese Probleme zu minimieren. Es ist jedoch interessant zu bemerken, dass wir immer noch dasselbe Layout verwenden, obwohl die ursprünglichen technischen Einschränkungen längst überwunden sind. Dies ist ein Zeugnis unserer Gewöhnung und der Selbstverständlichkeit, mit der wir diese Konvention akzeptieren. Alternativen wie das Dvorak- oder das Colemak-Layout, die effizienteres und schnelleres Tippen ermöglichen, haben sich trotz ihrer Vorteile nur begrenzt durchgesetzt. Woran das wohl liegt?

Diese Gewöhnung an bestehende Systeme und Konventionen zeigt sich in vielen Aspekten unseres Lebens, sei es in der Technik, der Architektur oder der Kultur. Gerade in der Architektur ist es fast unglaublich zu sehen, welche beeindruckenden Strukturen alte Zivilisationen geschaffen haben, die bis heute Rätsel aufgeben. Interessanterweise finden sich auf fast jedem Kontinent imposante Bauwerke oder Pyramiden. In alten arabischen Überlieferungen und in zahlreichen anderen Kulturen wird berichtet, dass die Steine zum Bau herbeigeflogen kamen. Diese Erzählungen legen nahe, dass alte Zivilisationen möglicherweise über fortschrittliche Technologien verfügten, mit denen sie solch großartige Bauwerke errichten konnten. Was, wenn diese Anlagen nicht nur als Denkmäler, sondern auch als Archive des Wissens, der Weisheit und der Erleuchtung dienten? Es könnte sein, dass diese Strukturen bereits vor der Flut oder anderen katastrophalen Ereignissen standen und später versiegelt wurden.

Dies würde die Salzablagerungen und die Spuren von Wasser und den Gezeitenlinien an den Pyramiden und anderen Bauwerken erklären.

Lassen Sie uns kurz auf den Sarkophag in der Großen Pyramide zu sprechen kommen. Dieser ist so massiv, dass er nicht durch die Schächte und „Türen" passt. Das bedeutet, dass er zuerst platziert und dann die Pyramide um ihn herum errichtet wurde. Aber warum ist dieser offene „Begräbnisbehälter", neben anderen versteckten und interdimensionalen Räumen, so wichtig?

Hier gibt es einige Berichte von Menschen, die eine Nacht in der Pyramide verbracht haben, darunter sollen auch Napoleon und viele mehr gewesen sein. Die Personen, die dort wirklich nächtigten, haben später selten darüber gesprochen und diejenigen, die es taten, berichten von einer Art Prüfung. Nachdem man diese durchlaufen und etwas Ähnliches wie ein Nahtoderlebnis hatte, wird einem die Unsterblichkeit der Seele bewusst. Daher gibt es Mutmaßungen, dass die Pyramiden multifunktional waren und ebenfalls piezoelektrische Eigenschaften besitzen. Wer weiß, ob sie nicht nur multifunktional, sondern auch multidimensional sind?

Hier ein kurzer Exkurs zur Altersdatierung archäologischer Ausgrabungen mittels der Radiokarbonmethode, die im letzten Buch bereits erwähnt wurde: Diese Methode funktioniert nur bei organischen Materialien. Bei anorganischen Substanzen wie Steinruinen versagt sie jedoch. Aufgrund von Funden organischen Materials wie Korbgeflechten oder ähnlichem können Archäologen jedoch zumindest nachweisen, dass zum Zeitpunkt der damals existierenden Kultur die entsprechende Ruine, Pyramide oder Tempelanlage bereits stand. Viele Ausgrabungen und neueste Funde verschieben den Zeitrahmen um 2000 bis 4000 Jahre weiter in die Vergangenheit. Meiner Meinung nach ist das erst der Beginn. Möglicherweise werden noch weitere Jahrtausende hinzugefügt. Es könnte sein, dass diese Strukturen schon mehrere zehntausend Jahre alt sind. Leider haben Archäologen derzeit kein Verfahren, um das tatsächliche Alter solcher Bauwerke oder deren Baumaterial präzise zu bestimmen. Selbst wenn es möglich wäre, ist es denkbar, dass die Steine älter sind und erst später für den Bau verwendet wurden.

Die Technologie hat die Welt zu einem Dorf gemacht und die Spiritualität wird sie zu einer Familie machen. Es bedarf nur eines einzigen Erwachten, um eine ganze Familie, eine Gemeinschaft, ein Dorf, eine Stadt oder sogar eine Nation zu erwecken. Wenn das Licht einmal in einen Raum eingedrungen ist, ein Bewusstsein erleuchtet oder eine Seele erreicht hat, kann es nicht mehr gelöscht werden. Sie haben dann die rote Pille aus den „Matrix"-Filmen genommen und können nicht mehr zurück. Sie können nicht einfach sagen: "Ich kündige hier in der Lichtfamilie." Daher: HERZLICH WILLKOMMEN!

Und wenn wir gerade bei Themen aus dem letzten Band sind, möchte ich darauf hinweisen, dass meine Erklärung bezüglich Schrödingers Katze nicht ganz vollständig war. Hier ist eine erweiterte Version für Sie:

"Schrödingers Katze" ist ein berühmtes Konzept in der Quantenmechanik, das vom österreichischen Physiker Erwin Schrödinger im Jahr 1935 entwickelt wurde, um die paradoxen Aspekte dieser Wissenschaft zu verdeutlichen. Sowohl Einstein als auch viele andere Physiker waren von den Phänomenen der Quantenphysik schockiert.

In diesem Gedankenexperiment wird eine Katze in eine verschlossene Kiste gesetzt, zusammen mit einer radioaktiven Substanz, einem Geigerzähler und einer Flasche Gift. Die Freisetzung des Gifts hängt von einem zufälligen radioaktiven Zerfall ab. Erkennt der Geigerzähler diesen, tritt das Gift aus und die Katze stirbt dadurch. Erkennt der Geigerzähler keinen Zerfall, bleibt das Gift in der Flasche und die Katze am Leben.

Die paradoxe Situation entsteht dadurch, dass wir, solange die Kiste geschlossen ist, nicht wissen können, ob der radioaktive Zerfall stattgefunden hat oder nicht. Daher befindet sich die Katze in einem Überlagerungszustand, in dem sie gleichzeitig lebendig und tot ist.

Dies veranschaulicht das Konzept der Superposition in der Quantenmechanik, bei dem ein System in mehreren Zuständen gleichzeitig existieren kann, bis eine Messung erfolgt. Die Pointe des Experiments ist, dass die Katze in einem Zustand des Überlebens und des Todes verbleibt, bis die Kiste geöffnet wird und eine Beobachtung stattfindet. Erst dann "kollabiert" ihre Wellenfunktion in einen definitiven Zustand – lebendig oder tot.

Dieses Konzept illustriert die Herausforderungen und Unklarheiten in der Interpretation der Quantenmechanik. Es zeigt, wie unterschiedlich die Quantenwelt im Vergleich zu unserer alltäglichen Erfahrung ist, da Zustände auf subatomarer Ebene bis zur Messung nicht eindeutig sind. Wichtig ist zu beachten, dass Schrödingers Katze ein theoretisches Konstrukt ist und keine reale Katze in einer Kiste beinhaltet. Es wurde entwickelt, um Diskussionen über die Natur der Quantenmechanik anzuregen und hat seitdem unser Verständnis dieser fantastischen wissenschaftlichen Disziplin vertieft.

Ebenso fesselnd wie die Unklarheiten in der Quantenmechanik ist auch die Vorstellung von Technologien, die bisher als rein futuristisch gelten – wie dem Chronovisor. Das ist eine hypothetische Vorrichtung, die angeblich die Fähigkeit besitzt, Ereignisse aus der Vergangenheit zu visualisieren oder „abzuspielen". Entwickelt wurde er angeblich von dem italienischen Geistlichen und Wissenschaftler Pater Ernetti in den 1950er-Jahren. Es wird behauptet, dass das Gerät auf fortschrittlicher Technologie basiert, die es ermöglicht, Licht und Schall aus vergangenen Ereignissen einzufangen und zu rekonstruieren. Die genaue Funktionsweise bleibt unbekannt und spekulativ. Einige berichten, Pater Ernetti habe den Chronovisor genutzt, um das Leben Jesu Christi zu beobachten. Es wird ebenfalls spekuliert, dass Nostradamus ein ähnliches Gerät besaß.

Neben solchen historischen und spekulativen Technologien eröffnen auch moderne Entwicklungen, wie Nanoroboter und Künstliche Intelligenz (KI), ganz neue Horizonte in der Wissenschaft und Technik

Diese beiden Bereiche stellen bemerkenswerte und sich schnell entwickelnde Felder der Innovation dar.

Nanoroboter sind winzige mechanische oder biochemische Roboter, die auf der Nanometerskala operieren können. Das bedeutet, dass sie so klein sind, dass sie auf zellulärer oder sogar atomarer Ebene agieren können. Diese winzigen Maschinen könnten in der Medizin eingesetzt werden, um gezielt Krankheiten zu bekämpfen, Gewebe zu reparieren oder sogar Operationen auf zellulärer Ebene durchzuführen.

Künstliche Intelligenz hingegen bezieht sich auf Computersysteme, die in der Lage sind, Aufgaben auszuführen, die normalerweise menschliche Intelligenz erfordern würden. Diese Systeme können lernen, sich anpassen und Probleme lösen, ohne explizite Anweisungen zu erhalten. KI wird in einer Vielzahl von Anwendungen eingesetzt, von Spracherkennung und Bildverarbeitung bis hin zu selbstfahrenden Autos und personalisierten Empfehlungssystemen.

Die Kombination von Nanorobotern und KI könnte revolutionäre Fortschritte in der Medizin bringen. Zum Beispiel könnten Nanoroboter, die mit KI ausgestattet sind, autonom durch den Körper navigieren, um gezielt Krankheiten zu bekämpfen oder medizinische Behandlungen durchzuführen. Diese Technologie birgt jedoch auch ethische und Sicherheitsfragen, da sie potenziell invasive Eingriffe auf zellulärer Ebene ermöglicht und neue Risiken und Herausforderungen mit sich bringt, die sorgfältig berücksichtigt werden müssen. Weitere Informationen zu diesen Themen finden Sie in "Mein Vater war ein MiB".

Doch nicht nur in der Medizin spielen mikroskopisch kleine Strukturen eine bedeutende Rolle. Auch subatomare Partikel wie Neutrinos sind von großer Bedeutung, insbesondere im Standardmodell der Teilchenphysik. Diese Partikel tragen keine elektrische Ladung, was bedeutet, dass sie nur äußerst schwach mit Materie interagieren und daher schwer nachweisbar sind. Obwohl sie erstmals 1956 entdeckt wurden, haben Wissenschaftler seitdem vieles über diese geheimnisvollen Teilchen herausgefunden.

Es gibt drei verschiedene Arten von Neutrinos: Elektron-, Myon- und Tau-Neutrinos, die jeweils mit einem entsprechenden Lepton (Elektron, Myon oder Tau) assoziiert sind. Leptonen, zu denen auch Elektronen gehören, zählen zu den fundamentalen Teilchen und unterliegen nicht der starken Wechselwirkung, die Protonen und Neutronen zusammenhält.

Ein seltsames Phänomen ist die Neutrino-Oszillation: Neutrinos, die in einem bestimmten Zustand (z. B. als Elektron-Neutrino) erzeugt werden, wechseln während ihrer Bewegung durch den Raum zwischen verschiedenen "Geschmackszuständen". Das bedeutet, dass ein Elektron-Neutrino nach einer gewissen Strecke als Myon- oder Tau-Neutrino nachgewiesen werden kann. Diese Oszillation ist nur möglich, wenn die Neutrinos eine gewisse Masse besitzen, da sie auf den unterschiedlichen Gewichtungen der Zustände basiert. Lange Zeit galten Neutrinos als masselos, doch die Entdeckung ihrer Oszillationen bewies, dass sie – wenn auch in extrem geringem Maße – eine Eigenmasse haben müssen. Dieses Phänomen stellt das Standardmodell der Physik in Frage und eröffnet neue Perspektiven auf fundamentale Aspekte des Universums.

Neutrinos spielen eine bedeutende Rolle in der Astrophysik, da sie bei der Entstehung von Sternen, bei Supernova-Explosionen und anderen kosmischen Ereignissen entstehen. Ihre Detektion ermöglicht wertvolle Einblicke in die Physik des Universums und in die grundlegenden Prozesse der Teilchenphysik. Aufgrund ihrer minimalen Wechselwirkung mit Materie durchdringen sie mühelos alle festen Substanzen, einschließlich der Erde und können daher mit nahezu Lichtgeschwindigkeit aus fernen Galaxien zu uns gelangen.

Zusätzlich haben diese Teilchen das Potenzial, uns bei der Erforschung und dem Verständnis von Dunkler Materie und Dunkler Energie zu helfen, die den Großteil des Universums ausmachen. Diese nahezu unsichtbaren Partikel sind also Schlüssel zu einigen der größten Geheimnisse des Kosmos und könnten uns helfen, die wesentlichen Gesetze der Natur besser zu verstehen.

Tachyonen hingegen sind hypothetische Teilchen, die in der Theorie der speziellen Relativität eine interessante, wenn auch umstrittene Rolle spielen. Sie würden sich mit überlichtschneller Geschwindigkeit bewegen, was die bekannten Gesetze der Physik herausfordern und unser Verständnis von Raum und Zeit grundlegend verändern könnte.

Ihre Existenz würde grundlegende Konzepte der Physik in Frage stellen, darunter die Kausalität – die Vorstellung, dass Ursache und Wirkung stets in einer festen zeitlichen Reihenfolge ablaufen. Tachyonen könnten theoretisch Informationen in die Vergangenheit senden, was zu Paradoxien führen könnte, wie sie in vielen Science-Fiction-Geschichten beschrieben werden. Diese exotischen Teilchen könnten auch neue Einblicke in die Struktur des Universums bieten und die Tür zu revolutionären Technologien öffnen.

Ein weiterer essenzieller Aspekt dieser Theorie ist die Notwendigkeit eines Mediums, das eine Kommunikation mit Überlichtgeschwindigkeit ermöglicht. Derzeit ist die Verständigung im Weltraum stark zeitversetzt, da Signale viele Jahre benötigen, um zwischen weit entfernten Sternensystemen zu reisen. Dies bedeutet, dass solche Zivilisationen niemals effektiv miteinander kommunizieren könnten. Auch die Verständigung mit dem Mars ist aufgrund der Verzögerung zwischen 4 und 24 Minuten stark eingeschränkt.

Sollte es jedoch ein solches Medium oder eine Technologie geben, die Überlichtgeschwindigkeit ermöglicht, könnten wir eines Tages in der Lage sein, diese kosmischen Distanzen zu überbrücken und eine völlig neue Ära der interstellaren Kommunikation und Entdeckung einleiten.

Schon seit Jahrtausenden versuchen Menschen, Symbole und Objekte zu deuten, die tiefere Wahrheiten über das Universum und das Leben offenbaren könnten. Ein Symbol, das in verschiedenen Kulturen und Traditionen auftaucht, ist das Kreuz. In unterschiedlichen Formen wie dem ägyptischen Ankh oder dem christlichen Anker hat es im Laufe der Zeit verschiedene Bedeutungen erlangt.

Das ägyptische Ankh, bestehend aus einem Kreuz mit einem ovalen Henkel, galt im alten Ägypten als Symbol des Lebens und der Unsterblichkeit. Es repräsentierte Fruchtbarkeit und wurde häufig in Gräbern und auf Grabbeigaben dargestellt. In spirituellen und esoterischen Traditionen symbolisiert es die Vereinigung von männlicher und weiblicher Energie, die zur Schaffung von Leben führt. In der Alchemie steht es für die Einheit von Geist, Körper und Seele und wird als Symbol für den Weg zur Erleuchtung betrachtet. Es gibt spekulativere Theorien, die das Ankh-Symbol in alten ägyptischen Texten als Hinweis auf außerirdische Technologie wie fliegende Schiffe oder Kommunikationsmittel deuten.

Andererseits steht der christliche Anker als Symbol für Hoffnung, Stabilität und Sicherheit. In der christlichen Symbolik wurde er als Zeichen dafür verwendet, dass der Glaube den Gläubigen stabil und fest verankert, wie ein Schiff, das sicher im Hafen liegt und so vor Stürmen geschützt ist. Der Anker vermittelt also das Gefühl von Schutz und Beständigkeit in unsicheren Zeiten.

Stellen Sie sich vor, Sie wären der Schöpfer des Universums und wollten es bevölkern. Wie würden Sie vorgehen? Es wäre wohl am sinnvollsten, selbstreplizierende, selbstreparierende und anpassungsfähige Einheiten zu erschaffen, die sich an verschiedene Bedingungen anpassen und sich vor allem selbst vermehren können. Dies würde jedoch bedeuten, dass wir im Grunde sich selbst vervielfachende Sonden oder „Behälter für Seelen" sind.

Wenn wir Roboter bauen, bestehen sie in der Regel aus hartem Metall, Plastik und ähnlichen Materialien. Doch was wäre, wenn ein Roboter ein Design entwerfen würde? Möglicherweise würde er weiches Gewebe verwenden und die klassischen Konstruktionen aus

Metall oder Kunststoff überwinden. Eine solche Perspektive eröffnet faszinierende Möglichkeiten: Der Roboter könnte Materialien wählen, die flexibler, biologisch inspiriert und effizienter in der Anpassung an Umweltbedingungen sind.

Stellen Sie sich vor, Roboter würden sich selbst entwerfen und bauen. Sie könnten evolutionäre Prinzipien nutzen, um ihre eigenen Nachkommen zu verbessern und dabei Materialien und Methoden einsetzen, die weit über unsere heutigen Möglichkeiten hinausgehen. Dies könnte zu einer völlig neuen Art von Technologie führen, die organische und synthetische Elemente nahtlos kombiniert und die Grenzen zwischen Mensch und Maschine aufweicht oder völlig verschwinden lässt. Ob das erstrebenswert ist, sei dahingestellt.

Ähnlich wie die Überlegungen zur Technologie öffnet auch die Mythologie der Andenvölker spannende Perspektiven. Eine der bedeutendsten Figuren in dieser Tradition ist „Viracocha", der als Schöpfer des Universums und der Menschheit verehrt wird. In verschiedenen Erzählungen wird er nicht nur als Erschaffer, sondern auch als kulturell und spirituell bedeutsame Figur beschrieben, wobei seine Rolle je nach Kontext und Interpretation variiert.

Der vollständige Name „Qun Tiqsi Viracocha Pacayacaciq" wird in verschiedenen Quellen als erweiterte Form von Viracocha erwähnt und betont seine schöpferische Macht und Fähigkeiten. Die Bedeutung dieses Namens kann als "der Eine, der weiß, wie man Zeit und Raum organisiert" übersetzt werden, was auf die universellen und kreativen Aspekte dieser Gottheit hinweist.

In verschiedenen Überlieferungen und Mythen wird Viracocha mit der Erschaffung der Welt, der Menschheit und anderen bedeutsamen Ereignissen in Verbindung gebracht. Seine Verehrung erstreckte sich über zahlreiche Anden-Kulturen und sein Einfluss ist in archäologischen Funden und religiösen Überlieferungen dieser Region dokumentiert. Zudem wird er oft mit zwei Stäben dargestellt.

Überall finden sich diese „Magic Wands" – magische Stäbe: Jesus erweckt Lazarus mit einem solchen, während Abraham, Moses und Aaron ebenfalls mit einem Stab in Verbindung gebracht werden. Sogar Mickey Mouse hatte zu Beginn einen Zauberstab in der Hand. Viracocha und viele Gottheiten werden oft mit zwei Stäben abgebildet. Doch was bedeutet das? Was hat es mit Hollywood und dem Holz der Stechpalme auf sich, die dort gar nicht wächst? „Holly" bedeutet Stechpalme und „Wood" steht für Holz. Und was ist mit dem Asklepiosstab, früher bekannt als Hermesstab?

Auch Osiris wird oft mit einem Stab in der Hand dargestellt, der als sogenannter "Was-Stab" bekannt ist und als Symbol für Macht und Autorität gilt. Sein Bruder Seth ist ebenfalls oft mit einem solchen zu sehen. Dieser sieht jedoch anders aus und wird als "An-Stab" bezeichnet. In der ägyptischen Mythologie spielt Osiris eine zentrale Rolle als Gott des Jenseits und der Wiedergeburt. Er wird oft mit den Attributen der Macht und des Königtums dargestellt. Die Geschichte von der Vermessung des schlafenden Osiris durch seinen Bruder Seth und der Anfertigung eines maßgeschneiderten Sarkophags gehört zu den bekanntesten Legenden um ihn:

Osiris war ein mächtiger Gott, der über Leben und Tod herrschte, während sein Bruder Seth als Gott der Wüste und des Chaos bekannt war. Eifersüchtig auf die Macht und Beliebtheit seines Bruders, schmiedete Seth einen Plan, um ihn zu stürzen.

Er lud Osiris zu einem Festmahl ein und präsentierte ihm einen prächtigen Sarkophag, den er angeblich verschenken wollte. Seth behauptete, dieser sei perfekt auf Osiris' Maße zugeschnitten und würde ihm ewige Ruhe gewähren. Als Osiris sich hineinlegte, schlossen Seth und die Anwesenden plötzlich den Deckel und versiegelten diesen. Anschließend warfen sie ihn in den Nil, um sicherzustellen, dass Osiris für immer verschwinden würde.

Doch als Seth später erfuhr, dass Isis den Sarkophag gefunden und nach Ägypten zurückgebracht hatte, begann er selbst nach dem

Leichnam zu suchen. Nachdem er ihn aufgespürt hatte, zerstückelte Seth Osiris' Körper und verstreute die Teile über das ganze Land, um jegliche Hoffnung auf Wiederauferstehung zu zerstören. Doch Isis war entschlossen, die Überreste ihres Mannes zu finden. Sie sammelte den zerteilten Körper ein und setzte ihn wieder zusammen, wobei sie das fehlende Glied durch ein goldenes ersetzte. Das klingt fast schon robotermäßig, oder finden Sie nicht?

Und wenn wir gerade vielleicht von einem Roboter sprechen, was halten Sie von der Idee, dass der Koloss von Rhodos – eines der Weltwunder – eigentlich ein gigantischer Roboter aus Kupfer gewesen wäre, der mehrmals täglich die Insel umrundete und sie verteidigte? Nur durch List war es damals möglich, ihm nahe zu kommen und ihn zu überzeugen, dass er durch das Öffnen einer Mutter an seinem Fuß Unsterblichkeit erlangen würde. Nachdem diese geöffnet wurde, blutete der Koloss eine schwarze, ölähnliche Flüssigkeit aus und "verstarb". Was wäre, wenn der Verlust des hydraulischen Öls zu der Funktionsunfähigkeit des Roboters geführt hatte?

Interessanterweise gibt es in vielen alten Kulturen Berichte von „magischen Spiegeln", die Wissen und Bilder offenbaren konnten. Diese Vorstellung wirkt fast wie eine primitive Beschreibung moderner Technologie. Man stelle sich vor, wie ein Touchscreen-Tablet oder ein ähnliches Gerät auf eine Zivilisation gewirkt hätte, die so etwas noch nie zuvor gesehen hat – sie hätten es wahrscheinlich als etwas Magisches betrachtet. Erinnern Sie sich an das Märchen „Schneewittchen" mit dem berühmten Spruch: "Spieglein, Spieglein an der Wand..."? Solche Legenden könnten durchaus auf technologischen Artefakten beruhen, die ihrer Zeit weit voraus waren.

König Artus ist eine sagenhafte Figur der britischen Mythologie, die durch zahlreiche Geschichten und Legenden bekannt ist, besonders wegen seiner zwei berühmten Schwerter: Excalibur und das Schwert im Stein. Excalibur, das magische Schwert, das Artus von der Herrin vom See erhielt, symbolisierte seine göttliche Berufung und Herrschaft.

Das Schwert im Stein, das Artus aus einem Felsen zog, um seine rechtmäßige Königswürde zu beweisen, wurde danach selten erwähnt. Es wird spekuliert, dass dieses Schwert eine Art fortschrittliche Technologie nutzte, vielleicht mit einer Art Fingerabdruck- oder DNS-Erkennung, die nur Artus ermöglichte, es herauszuziehen.

Nach der Legende musste Excalibur nach Artus' schwerer Verwundung an die Herrin vom See zurückgegeben werden. Eine moderne Interpretation könnte sein, dass Excalibur, ähnlich wie ein technisches Gerät, eine begrenzte Energiequelle hatte.

In der Science-Fiction tauchen immer wieder beeindruckende Strahlenwaffen und Schutzschilde auf. Besonders ikonisch sind die Lichtschwerter aus den „Star Wars"-Filmen – ein unterhaltsames Konzept, das allerdings physikalisch nicht realisierbar ist, da Licht theoretisch unendlich weit reist und somit keine feste, begrenzte Klinge bilden würde. Anders verhält es sich jedoch mit Plasmaschwertern, die ebenfalls ab und zu thematisiert werden. Diese Waffen verwenden eine energiereiche Plasmaklinge, die in einem elektromagnetischen Feld gehalten wird. Solche Schwerter würden allerdings eine extrem leistungsstarke Energiequelle benötigen.

Wenn wir uns Excalibur als eine Art Plasmaschwert vorstellen, könnte dies die Legende erweitern: Die seltene Nutzung wäre auf den hohen Energiebedarf zurückzuführen und die Rückgabe an die Herrin vom See könnte als Symbol für das notwendige „Aufladen" oder die „Wartung" dieser fortschrittlichen Waffe stehen.

Stellen wir uns nun vor, eine Person erhält in einer Zeit, in der Eisenschwerter eine Seltenheit sind, plötzlich ein solches Plasmaschwert. Die Auswirkungen auf Gesellschaft und Machtstrukturen wären enorm. Dieses Schwert könnte herkömmliche Waffen, Rüstungen und sogar Festungen durchdringen, was seinen Träger nahezu unbesiegbar machen würde. Rasch würde sich um diese Figur ein Mythos entwickeln und man würde sie als von den Göttern auserwählt betrachten. Ein Zeichen göttlicher Macht – ganz ähnlich wie Thors Hammer, den nur er allein halten kann.

Um die geheimnisvollen Kräfte hinter solchen mythischen Waffen besser zu verstehen, könnte ein Blick auf die Mikrovibrationsphysik aufschlussreich sein. Diese spannende Disziplin erforscht die unsichtbaren Schwingungen und Bewegungen auf subatomarer Ebene, die möglicherweise in Verbindung mit der heiligen Geometrie stehen. Solche unsichtbaren Kräfte könnten genutzt werden, um materielle Strukturen zu beeinflussen oder zu verändern – was in alten Kulturen vielleicht als "Magie" gedeutet wurde.

Nach all diesen Überlegungen zu mystischen Kräften und hochentwickelten Technologien lohnt es sich, auch einen Blick auf ein eher irdisches, aber dennoch bemerkenswertes Material zu werfen: Quecksilber. Warum ist dieses Element heutzutage verboten? Was haben die Deutschen während der Weltkriege damit für Experimente durchgeführt? Und warum wurde Quecksilber in antiken Bauwerken gefunden? Was war seine Bedeutung?

Es ist wegen seiner hochgiftigen Eigenschaften und der schädlichen Auswirkungen auf die Umwelt und die menschliche Gesundheit heutzutage verboten. Dennoch wird es in manchen Zahnfüllungen, sogenannten Amalgamfüllungen, immer noch verwendet, obwohl dies stark umstritten ist. Zum Glück wird der Einsatz dieser Füllungen ab 2025 in der EU gesetzlich verboten.

Während der Weltkriege wurde Quecksilber in verschiedenen geheimen Projekten eingesetzt. Dazu gehörten Experimente, die sich auf Energiegewinnung und möglicherweise die Entwicklung neuartiger Antriebe konzentrierten, insbesondere in Zusammenhang mit der Manipulation von Schwerkraft und Magnetfeldern.

Auch in der Antike spielte Quecksilber eine besondere Rolle. In Kulturen wie China und Mittelamerika wurde es in Gräbern und heiligen Stätten gefunden. Es hatte wahrscheinlich spirituelle und alchemistische Bedeutung. Im alten China galt es sogar als Elixier des Lebens, obwohl es tödlich ist. In Mittelamerika fand es Verwendung bei Ritualen und Zeremonien, vielleicht aufgrund seiner einzigartigen physikalischen Eigenschaften, wie dem flüssigen Zustand bei Raumtemperatur.

Darüber hinaus könnte Quecksilber in diesen alten Kulturen auch eine technologische Funktion gehabt haben. Manche Theorien gehen davon aus, dass es in antiken Maschinen oder Apparaten zum Einsatz kam, deren genaue Nutzung heute jedoch ein Rätsel bleibt.

Vom Wesen der Zwölf + Eins

In der deutschen Bevölkerung ist vielen der Freitag, der 13., als Unglückstag bekannt. In der Nacht von Donnerstag auf Freitag, dem 13. Oktober 1307, wurden die Besitztümer der Templer von der katholischen Kirche beschlagnahmt und die Templer exekutiert, wie es in der Geschichte der Kirche bekanntlich nicht unüblich war. Warum wurde der 13. Tag im Monat gewählt?

Zum anderen drängt sich die Frage auf, immer im Sinne der Spur des Geldes, welches Wissen oder welche Reichtümer die Templer damals in oder unter Salomons Tempel gefunden haben könnten. Ein weiterer interessanter Punkt ist, dass der Hafen, der normalerweise stark frequentiert war und den die Templer als ihre Hauptanlegestelle nutzten, am Freitag, dem 13., plötzlich verlassen war. Dies deutet darauf hin, dass viele von ihnen rechtzeitig fliehen konnten. Dementsprechend staunte auch Christoph Kolumbus nicht schlecht, als er in Amerika auf Schilde und Schwerter mit christlichen Symbolen stieß. Dies würde demnach auch bedeuten, dass Kolumbus nicht der erste Europäer war, der in Amerika an Land ging.

Die kulturelle Aversion gegen die Nummer 13 manifestiert sich in kleinen, aber bemerkenswerten Details: Oft wird sie nicht als Sitzplatznummer in Flugzeugen vergeben und auch in Krankenhäusern fehlt sie als Stationsnummer. Diese subtilen Auswirkungen zeigen, wie tief die Angst vor der Zahl 13 in einigen Gesellschaften verwurzelt ist, selbst in modernen Zeiten.

Bleiben wir aber erst einmal bei der Zwölf. Diese Zahl und ihre symbolische Bedeutung finden sich in vielen Kulturen und Religionen weltweit wieder. Es ist beachtlich, dass sie über die Jahrhunderte hinweg eine wiederkehrende Rolle in verschiedenen Aspekten des menschlichen Lebens gespielt hat und weiterhin spielt. Die Zwölf steht oft für Vollständigkeit und Ordnung: zwölf Monate im Jahr, zwölf Tierkreiszeichen, zwölf Jünger Jesu. Sie repräsentiert Ganzheit und Perfektion.

Im Christentum wird sie häufig mit Vollkommenheit und göttlicher Integrität in Verbindung gebracht. Die zwölf Jünger Jesu repräsentieren die Gründung der Kirche und die Fortführung von Gottes Wirken mit seinem Volk Israel. Sie sollen gemäß dem Matthäus-Evangelium am Jüngsten Tag die zwölf Stämme Israels richten.

In der alttestamentarischen Stiftshütte brachten die Israeliten zwölf Stiere, Widder und Ziegenböcke als Opfer dar und König Salomons Thron war von zwölf goldenen Löwen umgeben. Die "kleinen" Propheten verkündeten Gottes Wort und Willen in der Anzahl von Zwölf.

Nach Jesu Tod sollten die zwölf Apostel die zwölf Stämme Israels bekehren. Am Ende der Zeiten werden die "alten" Zwölf von den "neuen" Zwölf zur Verantwortung gezogen. Interessanterweise war es nach dem Verrat und Tod von Judas nicht Matthäus, der in den Kreis der Apostel aufgenommen wurde, sondern Matthias. Matthäus war bereits einer der ursprünglichen Zwölf. Matthias wurde, wie in der „Apostelgeschichte" 1,15-26 beschrieben, durch das Los als Ersatz für Judas gewählt.

Judas Iskariot, der Jesus für 30 Silberlinge verriet, wurde nach seinem Tod durch Matthias ersetzt. Petrus hingegen, obwohl er Jesus dreimal verleugnete, wurde nach der Auferstehung von Jesus wieder in den Kreis aufgenommen und sogar zum Leiter der Kirche bestimmt (Johannes 21,15-17). Die Wahl von Matthias zeigt, wie wichtig es war, die Zahl von zwölf Aposteln beizubehalten.

Im Judentum bilden die zwölf Stämme Israels den Grundpfeiler der Nation. Jeder der zwölf Stämme ist nach einem der zwölf Söhne Jakobs benannt und hat seine eigenen Eigenschaften und Bedeutungen.

In der griechischen Mythologie finden wir die zwölf Olympischen Götter, die auf dem majestätischen Berg thronen, sowie die zwölf Titanen, die von ihnen besiegt wurden, um die göttliche Ordnung zu etablieren.

Im Islam werden zwölf Imame als Führer der Gemeinschaft verehrt, die als geistige Leitfiguren und spirituelle Autoritäten gelten.

Bei den Zeugen Jehovas wird in der Offenbarung des Johannes die Zahl 144.000 erwähnt, die sich aus 12 mal 12.000 ergibt und die vollständige Anzahl der Erretteten symbolisiert, die zu Gott zurückkehren.

In der Astrologie repräsentieren die zwölf Tierkreiszeichen den Lauf der Sonne durch das Jahr und beeinflussen die Persönlichkeit und Lebenswege der Menschen entsprechend ihrem Geburtsdatum. Der Maya-Kalender kombinierte zwölf Monate mit einem 13-tägigen Zyklus, was eine wichtige Rolle in der Zeitmessung und den rituellen Praktiken der Maya spielte.

Im tibetischen Buddhismus haben zwölf Tierkreiszeichen eine besondere Bedeutung und werden ähnlich wie im westlichen Tierkreis verwendet, um Persönlichkeitsmerkmale und Lebenswege zu interpretieren und vorherzusagen.

In vielen alten Mythen und literarischen Werken spielen zwölf Protagonisten oder Gegenstände eine wichtige Rolle, wie in der Sage von König Artus und den Rittern der Tafelrunde sowie bei den zwölf Aufgaben des Herkules.

Sie bildet die Basis für viele Kalender, einschließlich des von uns verwendeten gregorianischen, der 1582 von Papst Gregor XIII. eingeführt wurde. Dieser Kalender hat zwölf Monate im Jahr. Auch die Aufteilung der Tageszeit in zwölf Stunden hat historische Wurzeln. Diese Stundenaufteilung stammt aus dem antiken Ägypten, wo das Zahlensystem auf der Basis von zwölf verwendet wurde.

Die Sumerer, eine der ältesten Zivilisationen Mesopotamiens, zählten vermutlich anhand der Fingergelenke, wobei sie die drei Gelenke jedes Fingers (außer des Daumens) als Einheiten nutzten. Da jede Hand vier Finger mit jeweils drei Gelenken hat, konnten sie auf diese Weise bis zwölf zählen, was mit zur Etablierung des duodezimalen Systems beitrug. Im Gegensatz zum dezimalen System, das auf der Basis zehn beruht und die Ziffern 0 bis 9 verwendet, nutzt das duodezimale System die Ziffern 0 bis 11.

In verschiedenen spirituellen Traditionen gibt es zwölf Stufen der Erleuchtung oder zwölf Aspekte der Gottheit, die verehrt werden. Auch in der Mathematik und Geometrie spielt die Zwölf eine wichtige Rolle. Zum Beispiel ist ein Dodekaeder ein Polyeder mit zwölf Flächen. Ein Polyeder ist eine dreidimensionale geometrische Figur, die aus einer endlichen Anzahl von ebenen Flächen besteht, die durch Kanten verbunden sind und Ecken bilden.

Der Dodekaeder ist ein spezielles regelmäßiges Polyeder, dessen zwölf Flächen gleichseitige Fünfecke sind. Er gehört zu den fünf platonischen Körpern, einer Klasse von Polyedern, bei denen jede Fläche gleich ist, die Kantenlängen identisch sind und die Ecken gleichmäßig verteilt sind. Ein weiteres Beispiel für einen Polyeder ist der Würfel, der sechs quadratische Flächen hat. Die Pyramide ist ein Polyeder mit einer Vielecks-Basis und dreieckigen Flächen, die sich an einem Punkt, der Spitze, treffen. Der Quader, der auch als rechteckiger Prisma bekannt ist, besteht aus sechs rechteckigen Flächen, die paarweise parallel zueinander angeordnet sind.

In der Antike wurden solche Polyeder für zahlreiche mathematische Anwendungen genutzt. Dazu gehörten insbesondere Berechnungen im Bereich der Geometrie, wie die Bestimmung von Raumvolumen. Zudem fanden sie Anwendung in der Astronomie, beispielsweise bei der Modellierung von Himmelskörpern. Die Darstellung regelmäßiger Polyeder war ebenfalls bedeutend, da sie zur Klassifikation und Analyse geometrischer Formen beitrug.

Die Bedeutung der Zahl Zwölf erstreckt sich jedoch nicht nur auf Mathematik, Geometrie, Religion, Mythologie und Astrologie. Auch im menschlichen Körper spielt sie eine zentrale Rolle: In der Traditionellen Chinesischen Medizin gibt es zwölf Meridiane, die als Energieleitbahnen betrachtet werden. Einige moderne esoterische Theorien behaupten auch, dass es zwölf Chakren gibt, die über die konventionellen sieben hinausgehen und zu einer erweiterten spirituellen Entwicklung führen können.

Manche spekulative Theorien vermuten, dass urtümliche Menschen in frühen Zeiten möglicherweise sechs Finger und Zehen besaßen, ähnlich wie Goliath aus der Bibel oder bestimmte Stammesangehörige des Yasuni-Nationalparks. Es wird ferner behauptet, dass die Aktivierung unserer „ursprünglichen" DNS, in zwölf Stränge gegliedert, unser volles Potenzial freisetzen könnte. Dies würde dazu führen, dass wir nicht nur zwischen zehn und fünfzehn Prozent unseres Gehirns nutzen, sondern möglicherweise die volle Kapazität von 100 % erreichen. Unser Gehirn könnte sich zu einem Supercomputer entwickeln, der in der Lage ist, komplexe Aufgaben viel schneller zu lösen und Informationen in weit höherem Ausmaß zu verarbeiten.

Darüber hinaus könnten wir möglicherweise auch zwölf Sinne ausbilden, die unsere Wahrnehmung und Verbindung zur Welt um uns herum erheblich erweitern. Dies würde uns ein tieferes Verständnis und eine viel intensivere Interaktion mit unserer Umgebung sowie anderen Dimensionen ermöglichen und könnte zu einer neuen Ära menschlicher Entwicklung und Erkenntnis führen.

Wenn wir die Zahl Zwölf als Symbol für Vollständigkeit betrachten, stellt sich die Frage, was darüber hinausgeht. So könnte die Zahl 13 eine Erweiterung oder einen nächsten Schritt darstellen, da sie als 12 plus 1 angesehen werden kann. In einigen Kulturen und Religionen ist sie jedoch mit Unglück oder schlechten Vorzeichen verbunden, während sie in anderen Kulturen, wie in Japan oder im richtigen Kontext in China, als Glückszahl gilt. Warum gibt es hier solche Unterschiede?

In der christlichen Tradition wird die Zahl 13 oft mit dem letzten Abendmahl in Verbindung gebracht, bei dem Jesus mit seinen zwölf Jüngern zusammen traf, bevor er verraten wurde. Judas, der Verräter, war der 13. Gast am Tisch.

Da wir Menschen oft in Selbstbezogenheit leben und die Einheit nicht vollständig begreifen, handeln wir metaphorisch gesprochen manchmal so, als würden wir uns selbst in den Fuß schießen, ohne dabei den Schmerz zu spüren. Danach wundern wir uns aber, warum andere schneller vorankommen, während wir nur humpelnd weitergehen – oft ohne zu erkennen, dass wir uns durch unsere bisherigen Taten oder Verhaltensweisen selbst dabei behindert haben.

Stellen Sie sich vor, ein Alien landet und fragt Sie, wie die Erdoberflächenbewohner die 365 Tage eines Sonnenzyklus aufteilen. Sie würden antworten, dass die meisten Völker, insbesondere in den westlichen Regionen, dies in 12 Einheiten, sogenannte Monate, unterteilen. Der erste Monat hat 31 Tage, der zweite 28 (außer alle vier Jahre, dann 29, um die Differenz zur tatsächlichen Länge des Sonnenjahres auszugleichen), der dritte wieder 31, der vierte dann 30 – und so geht es abwechselnd weiter, außer im siebten und achten Monat, wo beide 31 Tage haben. Das Alien würde Sie fragend belächeln und leicht den Kopf schütteln – falls es über ähnliche Körpermerkmale wie wir verfügt – und eventuell sofort kehrt machen, um ein anderes Planetensystem anzusteuern. Es würde seinen Freunden vermutlich erzählen: "Die Erdbewohner sind verrückt. Sie teilen ihr Jahr mit 365 Tagen durch zwölf und schaffen es nicht mal, das gleichmäßig zu tun."

Doch dabei wäre ein natürlicher Takt schon vorhanden: Der Mondzyklus dauert genau 29,531 Tage. Die Einführung des gregorianischen Kalenders durch Papst Gregor XIII., die auf die Reformen von Julius Cäsar und Augustus zurückgeht, führte dazu, dass der Februar zwei Tage weniger hat, was das System insgesamt recht kompliziert gestaltet. Alte Kulturen und der Menstruationszyklus der Frauen folgen jedoch einem 28-tägigen Rhythmus, was zu 13 Monaten führt.

90

13 mal 28 ergibt 364 Tage; der 365. Tag wurde als Tag der Zeitlosigkeit gefeiert.

Das Wort „August" bedeutet im Englischen majestätisch, während „Lunatic" im amerikanischen Englisch verrückt bedeutet. „Luna" ist lateinisch für „Mond" und wird oft als Präfix verwendet, um Dinge zu beschreiben, die mit ihm in Verbindung stehen, wie „Lunarmodul" oder „Lunatiker" (jemand, der als mondsüchtig oder vom Mond verrückt gilt). Es könnte sein, dass er absichtlich aus unserem Bewusstsein verdrängt oder von den Anhängern der Sonnenkulte negativ assoziiert wurde.

Ursprünglich basierte der Kalender auf dem von Julius Caesar, der darauf bestand, dass sein Monat die meisten Tage hat. Als dann Kaiser Augustus kam, stellte er sicher, dass auch sein Monat, August, genauso viele Tage hatte. Dies führte dazu, dass der Februar einen Tag verlor. Viele alte Kulturen verwendeten Kalender mit 13 Mondzyklen und 28 Tagen, was, wie bereits erwähnt, insgesamt 364 Tage ergibt. Um ein Sonnenjahr zu vervollständigen, feierten sie am 25. Juli, wenn der Stern Sirius an seinem höchsten Punkt steht, einen zusätzlichen Tag außerhalb der Zeit. Druiden, Inkas, Mayas, Ägypter, Polynesier, Lakota und viele weitere Kulturen folgten ebenfalls einem 28-Tage-Rhythmus.

Die Monatsnamen haben verschiedene Ursprünge: „Januarius" nach dem römischen Gott Janus; „Februarius" nach dem Wort "Februare", was "Reinigung" bedeutet; „Martius" nach dem römischen Kriegsgott Mars. „Maius" ist nach der römischen Nymphe Maia benannt, während „Iunius" der römischen Göttin Juno gewidmet ist. „Iulius" wurde nach Julius Caesar benannt und „Augustus", ehrt Kaiser Augustus. „Septimus" leitet sich von der lateinischen Zahl sieben (septem) ab, „Octavius" von acht (octo), „Novimus" von neun (novem) und „Decimus" von zehn (decem).

Das Wort "Calends" stammt aus dem Englischen und bezeichnete den Tag, an dem Schulden oder Rechnungen beglichen werden mussten. „April" hingegen hat keinen direkten Bezug zu römischen Göttern oder Zahlen. Der Name „April" könnte von dem lateinischen Wort "aperire" (öffnen) abgeleitet sein, was möglicherweise auf das Öffnen oder Erblühen der Pflanzen im Frühling hinweist.

Wenn wir gerade von „Öffnungen" sprechen, bietet es sich an, nochmal kurz auf die Wirbel und Energiefelder zurückzukommen, die eine interessante neue Dimension ins Spiel bringen. Ich würde behaupten, dass jeder Organismus mindestens einen eigenen Vortex besitzt, der als Energie- oder Kraftfeld fungiert. Man kann sich dies wie die bereits erwähnten Hurrikane oder Tornados vorstellen: Aus der Vogelperspektive dreht sich der Wirbel nach links, aus der Seitenansicht scheint er jedoch nach rechts zu rotieren. Auch die Erde könnte über solche Energiewirbel verfügen, die möglicherweise in bestimmten geographischen Zonen auftreten. Über die Natur solcher Wirbel haben wir bereits im Kapitel „Vom Wesen der DNS" ausführlich gesprochen.

Ein bekanntes Beispiel ist das sogenannte Bermudadreieck im Atlantik, das für das mysteriöse Verschwinden von Schiffen und Flugzeugen berüchtigt ist. Doch es gibt weltweit mehrere solcher „geheimnisvollen Dreiecke": das Drachen-Dreieck, auch Teufelsmeer genannt, in der Nähe von Japan, das Michigan-Dreieck in den Großen Seen der USA und das Alaska-Dreieck, wo ebenfalls Menschen und Fahrzeuge auf unerklärliche Weise verschwinden. In Vermont gibt es das Bennington-Dreieck, bekannt für ungeklärte Vermisstenfälle und das Bridgewater-Dreieck in Massachusetts, das vor allem durch paranormale Phänomene Aufmerksamkeit erregt.

Interessanterweise gibt es eine Theorie von Ivan T. Sanderson, der zufolge es weltweit zwölf solcher Gebiete gibt, die magnetische Anomalien und übernatürliche Vorkommnisse aufweisen. Diese sogenannten „Vile Vortices" haben alle besondere energetische Eigenschaften, wobei das Bermudadreieck das bekannteste ist. Warum handelt es sich hier immer um Dreiecke? Und warum sind es zufällig zwölf Stück?

Ebenso hat der menschliche Körper zwölf Chakren oder Energiezentren. Beginnen wir von oben nach unten: Das erste Chakra ist das kosmische Sternenportal, das sich etwa 1,5 Meter über dem Kopf befindet, außerhalb unserer Reichweite. Danach kommt das Seelensternportal, ungefähr 1 Meter über uns. Das dritte ist das Höhere-Selbst-Chakra, welches etwa 30 Zentimeter über der Kopfhöhe positioniert ist.

Die Chakren sind traditionell mit bestimmten Farben verbunden wobei das Kronenchakra, das sich am Scheitel des Kopfes befindet, oft als violett oder weiß dargestellt wird. Hier ist eine Übersicht der sieben Hauptchakren und ihrer typischen Farben:

1. **Kronenchakra** *(Violett oder Weiß)* – befindet sich am Scheitel des Kopfes.
2. **Dritte-Auge-Chakra** *(Indigo oder Dunkelblau)* – befindet sich in der Mitte der Stirn.
3. **Kehlchakra** *(Blau)* – befindet sich auf der Höhe des Kehlkopfes.
4. **Herzchakra** *(Grün oder Rosa)* – liegt auf der Höhe des Brustbeins.
5. **Solarplexus-Chakra** *(Gelb)* – befindet sich im Bereich des Magens.
6. **Sakralchakra** *(Orange)* – liegt knapp unterhalb des Bauchnabels.
7. **Wurzelchakra** *(Rot)* – befindet sich am unteren Ende der Wirbelsäule.

Darüber hinaus gibt es noch zwei weitere Chakren: das Gaia- oder Erdportal, das sich etwa 15-30 Zentimeter unter unseren Füßen befindet und das Erdensternportal oder -chakra, das in etwa 1,5 Metern Tiefe unter uns liegt.

Die zwölf starken Chakren und das 13. Chakra, das möglicherweise als das Energiezentrum Gottes betrachtet werden kann, bilden zusammen eine Einheit, die mit den zwölf Jüngern Jesu verglichen werden kann. Ähnlich wie Jesus und seine zwölf Apostel symbolisieren sie eine vollständige spirituelle Ordnung und Vollkommenheit. Dieses 13. Energiefeld könnte als das höchste spirituelle Zentrum betrachtet werden, das uns mit göttlicher Energie und Heiligkeit verbindet.

Vom Wesen der Vergangenheit

Wenn Sie kostbare und wichtige Dinge für die Zukunft einlagern müssten oder wollten, wie würden Sie vorgehen? Wahrscheinlich käme dafür ein Tresor infrage. Der Begriff „Tresor" stammt aus dem Französischen und leitet sich vom lateinischen *thesaurus* ab, was „Schatz" bedeutet. Ursprünglich bezeichnete er einen Ort, an dem wertvolle Gegenstände sicher verwahrt wurden.

Wenn es um Tresore geht, kam mir kürzlich eine Erkenntnis in Bezug auf unsere Geheimdienste und deren System der Geheimhaltung. Nehmen wir zum Beispiel den Vorfall von 1947 in Roswell, bei dem ein Flugzeug, ein Ballon oder ein UFO abgestürzt ist. Angenommen, die Wrackteile wurden untersucht, unabhängig davon, ob dies zu einem Ergebnis führte oder nicht. Doch diese Informationen sind nur wenigen Menschen zugänglich, da sie in geheimen Akten verschlossen sind. Wenn unsere Technologie damals noch nicht fortgeschritten genug war, um die Wrackteile „angemessen" zu analysieren, ist es wahrscheinlich, dass sie sicher in Tresoren, tief unter der Erde, verwahrt wurden, bis wir das Wissen erlangt hätten, um sie zu verstehen – Wissen, das dann unseren technologischen Fortschritt beeinflusst hätte.

Jahrzehnte später, nachdem die Wrackteile sicher verwahrt wurden, geht der Forscher, der diese untersucht hat, in den Ruhestand. Sein Nachfolger betritt den Tresor, um Platz für neue Gegenstände zu schaffen. Dabei stößt dieser möglicherweise auf vergessene Fundstücke und Technologien. Doch aufgrund der hohen Geheimhaltung und der begrenzten Aktenzugriffe muss er, wenn er diese untersuchen möchte, praktisch wieder bei Null beginnen.

Dies zeigt, wie sehr es hier von den Entscheidungen eines einzigen Wissenschaftlers abhängt, ob er die Muße hat, alte, verstaubte Tresorutensilien neu zu untersuchen oder ob er über ausreichend aktuelle Materialien verfügt und die alten möglicherweise sogar „ausmistet" und entsorgt. Zweitens wird deutlich, dass vermutlich immenses Wissen begraben liegt und selbst die Geheimdienste möglicherweise nicht wissen, auf welchen Schätzen sie eigentlich sitzen.

In alten Texten, die von Besuchern berichten oder auf Planetensysteme hinweisen, werden oft Orion oder die Plejaden erwähnt. Wenn Sie der Nachwelt als Besucher eines Planeten oder ähnlichen Ortes mitteilen möchten, dass Sie dort gewesen sind, könnten Sie dies durch das Aufstellen einer Flagge tun. In einer Umgebung ohne Atmosphäre wäre die Flagge jedoch keinem Wind ausgesetzt und würde daher unbewegt bleiben.

Verstehen Sie mich bitte nicht falsch, ich stelle die Mondlandung der USA hier nicht infrage. Allerdings ist es möglich, dass die kostspieligen und damals seltenen Magnetbänder mit den Originalaufnahmen versehentlich überschrieben oder beschädigt wurden. In einem solchen Fall wäre es plausibel, statt Millionen für eine erneute Mondmission auszugeben, eine Nachstellung zu filmen. Außerdem könnten die Originalaufnahmen eventuell Gebäude oder Fahrzeuge auf dem Erdtrabant gezeigt haben, was Unruhe oder sogar Panik in der Bevölkerung ausgelöst hätte.

Aber kommen wir zurück zur Flagge. Da der Mond angeblich keine Atmosphäre besitzt, wäre ein Wind, der sie bewegt, dort kaum zu erwarten. Ein Meteoriteneinschlag könnte diese jedoch beschädigen oder zerstören, wodurch es keine Beweise mehr für die Anwesenheit der USA auf dem Mond gäbe. Auf der Erde hingegen könnten Naturereignisse wie Stürme, Fluten und Erdbewegungen solche Spuren verwischen.

Eine fortschrittlichere Zivilisation oder Spezies würde vermutlich größere Markierungen als eine Flagge hinterlassen, wie zum Beispiel massive Bauwerke. Denken Sie dabei an die Pyramiden von Gizeh, die nach dem Sternbild Orion ausgerichtet sind oder die Ġgantija-Tempel auf Malta, die zu den ältesten freistehenden Steinstrukturen der Welt gehören. Solche Bauwerke würden weitaus länger überdauern und deutliche Hinweise auf eine dagewesene fortschrittliche Zivilisation hinterlassen.

Es gibt ebenfalls die Theorie, dass die Ruinen von Tharros auf Sardinien nach den Plejaden ausgerichtet wurden und es gibt viele weitere archäologische Stätten weltweit, die nach astronomischen Mustern positioniert wurden. Ein weiteres Rätsel sind die Linien und Geoglyphen von Nazca in Peru, deren Zweck und Bedeutung immer noch Gegenstand intensiver Diskussionen sind. Das wahre Ausmaß und die Formation dieser Linien und immensen Bauwerke ist oft nur aus der Luft erkennbar, was die Frage aufwirft, wie Kulturen, die nicht fliegen konnten, solche Strukturen überall auf der Erde geschaffen haben können.

Die Plejaden sind ein Sternensystem, das für uns aus sieben sichtbaren Sonnen besteht. In Wirklichkeit umfasst es jedoch mehr als 1.000 Sterne, die für das Universum ungewöhnlich nah beieinanderliegen. Die sieben Sterne werden in jeder Kultur anders benannt. Bei den alten Griechen galten sie als die "Sieben Schwestern", die von Orion, einem Halbgott, verfolgt wurden, in den Himmel flohen und schließlich zu Sternen wurden. In indianischen Legenden wird von einem großen Krieg zwischen einer Wasserschlange und einem Donnervogel berichtet.

Ein bemerkenswertes Beispiel, das an diese Legenden erinnern könnte, ist der Serpent Mound in Adams County, Ohio, nahe Peebles. Dieser Erdhügel, der in Form einer gewundenen Schlange etwa 426 Meter lang ist, liegt in der Nähe eines Kraters und enthält eine hohe Konzentration von Iridium – ein seltenes Metall, das extremen Temperaturen standhält und bestens für Weltraumfahrzeuge geeignet wäre. Könnte dieser Ort Überreste einer uralten Schlacht beherbergen? Vielleicht stellen der Krater und das Iridium tatsächlich Spuren einer einstigen Auseinandersetzung dar, bei der die „Schlange" als Sieger hervorging. Manche behaupten sogar, der Name „America" bedeute ursprünglich „Land der Schlange". Betrachten wir es genau oder auch metaphorisch, finden wir hier, wie bereits im Kapitel „Vom

Wesen der Steine" erläutert, eine Iridium-Anomalie, dazu einen Krater und sogar eine Art „Flagge".

Es wird ebenfalls spekuliert, dass es vor der großen Flut einen Krieg zwischen den Wesen der Plejaden und den Wesen von Orion gegeben haben könnte, bei dem die Wesen von Orion gewannen. Vielleicht haben diese die gigantischen Bauwerke als Zeugnisse hinterlassen, ebenso wie die Plejadier. Daher könnten Bauten wie Chichén Itzá in Mexiko oder die Pyramiden in Gizeh in Ausrichtung zum Sternbild Orion errichtet worden sein. Eventuell haben jene Wesen diese Strukturen selbst erbaut, den Menschen beim Bau geholfen oder sie in ihrer Planung gelenkt.

Die Pyramide von Chichén Itzá in Mexiko zeigt ebenfalls Schlangenabbildungen und bringt zur Sommer- und Wintersonnenwende eine solche Gestalt auf ihren Treppen hervor. Diese Darstellungen sind nicht zufällig gewählt, denn die Schlange symbolisiert in der Maya-Kultur nicht nur Fruchtbarkeit und Erneuerung, sondern auch die Bewegung der Himmelskörper. Während der Sonnenwenden erzeugt der Sonnenstand einen Schatten, der entlang der Treppen der Pyramide spielt und die Illusion eines kriechenden Wesens hervorruft, das sich je nach Jahreszeit nach oben oder unten bewegt. Dieses erstaunliche Phänomen verdeutlicht das tiefe Verständnis der Maya für Astronomie und ihre Fähigkeit, natürliche Zyklen in ihre Architektur zu integrieren.

Die Sternengruppe der Plejaden übt einen tiefgreifenden Einfluss auf zahlreiche Kulturen aus, von den Ureinwohnern Amerikas über die Japaner bis zu den Hawaiianern. Selbst in alten Artefakten wie der Himmelsscheibe von Nebra aus dem 15. Jahrhundert v. Chr. sind sie abgebildet. Etwa 400 Lichtjahre von der Erde entfernt, haben diese Sterne eine lange Geschichte in der Mythologie und Astronomie.

Auf der Tafel bzw. dem Relief, auf dem Enki sitzt und die Menschen aufrecht vor ihm stehen, sind sieben Punkte oder Sterne in der exakten Formation der Plejaden abgebildet, wie sie von der Erde aus ersichtlich sind.

Die möglicherweise ältesten Abbildungen oder Aufzeichnungen finden sich in den Höhlen von Lascaux in Frankreich, deren Malereien auf angeblich mehrere Tausend Jahre zurückdatiert werden. Interessanterweise wurde eine der ersten Höhlenmalereien von Santander auf seinem eigenen Grundstück entdeckt – ein merkwürdiger Zufall, da dies genau zu dem Zeitpunkt geschah, als er mit Darwin an der Verifizierung der Evolutionstheorie arbeitete. Diese Entdeckung könnte möglicherweise auch in einem anderen Licht betrachtet werden, denn in der Welt der archäologischen Funde gibt es stets die Möglichkeit von Fälschungen und Missinterpretationen.

Die Kulturen Sibiriens, Südostasiens, der pazifischen Inseln, Australiens sowie der Ureinwohner Amerikas, einschließlich Japaner und Philippiner, zeigen eine tiefe Verbundenheit mit diesen Sternen. Es wird behauptet, dass die japanische Königsfamilie von ihnen abstammt, weshalb ihre göttliche Herkunft ihre Herrschaft legitimiert. Die Hawaiianer feiern jedes Jahr den Aufgang der Plejaden am Horizont und behaupten, von ihnen abzustammen oder als Hybridwesen auf der Erde zu leben.

Ein weiterer bedeutender Ort in Bezug auf diese Sternengruppe ist der Chaco Canyon in New Mexico. Die antiken Bauwerke und astronomischen Beobachtungen der Anasazi-Kultur, die dort lebte, weisen darauf hin, dass sie sie verehrten und ihre Strukturen in der Bauweise danach ausrichteten. Dieses Motiv der Angleichung von Bauwerken nach den Plejaden findet sich in verschiedenen Kulturen wieder und zeugt von ihrer universalen Bedeutung. Warum das so ist, bleibt Ihrer Vorstellungskraft überlassen.

Vom Wesen weiser Meister

Im Laufe der Geschichte treten immer wieder außergewöhnliche Individuen auf, die der Menschheit zu neuen Technologien oder einem erweiterten Bewusstsein verhelfen. Ein herausragendes Beispiel ist

Leonardo da Vinci:

Da er am 15. April 1452 unehelich geboren wurde, durfte er den väterlichen Familiennamen nicht tragen; daher stammt sein Nachname von seiner Geburtsstadt Vinci. Leonardo war seiner Zeit Jahrhunderte voraus. Er entwarf Hubschrauber, U-Boote, Panzer, fortschrittliche Waffen und vieles mehr, lange bevor sie in der Realität manifest wurden. Sein letztes Gemälde wurde für 400 Millionen Dollar verkauft. Warum erzielen diese Werke solche Summen?

Moderne Verfahren, die unter die Oberfläche der Gemälde blicken können, enthüllen unglaubliche Entdeckungen. Es wird angenommen, dass Leonardo gezwungen war, die ursprünglichen Skizzen unter seinen Werken zu übermalen, um sich vor der möglichen Verfolgung durch die katholische Kirche zu schützen. Dennoch wurden in vielen seiner Gemälde versteckte Botschaften und Symbole gefunden.

In einem Werk sind beispielsweise detaillierte Tempelanlagen der Ägypter versteckt. Im berühmten "Abendmahl" verbergen sich komplexe Symboliken, wie zum Beispiel die Anzahl der Brote, gepaart mit den Händen, die Noten bilden. In einem seiner Werke, "Saint John", erscheint im Hintergrund möglicherweise eine Gestalt, die einem Grey ähnelt, wenn man das Bild spiegelt – ein Hinweis auf da Vincis mögliche Kenntnis außerirdischer Phänomene. Er war ein Meister der Spiegeltechnik. Leonardo erwähnte auch, dass er immenses Wissen in tiefen Höhlen erlangte und vermutlich Hinweise darauf in seinen Gemälden versteckte.

Wenn man alle Bilder Leonardos zusammen betrachtet, kann man viele verborgene Geheimnisse entdecken. Probieren Sie es gerne einmal aus und betrachten Sie die Kunstwerke genauer oder spiegeln Sie sie mit einem Bildbearbeitungsprogramm. Vielleicht ist den Käufern dieser Gemälde durchaus bewusst, dass der Betrag von 400 Millionen Dollar nur ein kleiner Preis für die Geheimnisse des Universums ist.

Nikola Tesla:

Wussten Sie, dass viele seiner bekannten Erfindungen auf Arbeiten anderer Wissenschaftler aufbauen? Ein herausragendes Beispiel ist der Wechselstrom, der eine effizientere Energieübertragung ermöglicht, als der von Thomas Edison favorisierte Gleichstrom. Obwohl Tesla oft als der Hauptverantwortliche des Wechselstroms gilt, basieren seine Durchbrüche auf Vorarbeiten deutscher und österreichischer Forscher. Doch seine eigenen Entwicklungen, wie die Tesla-Spule zur Erzeugung hochfrequenten Wechselstroms, trieben die moderne Technik entscheidend voran und bilden die Grundlage für drahtlose Übertragungstechnologien.

Chnopfloch beleuchtet in einer seiner YouTube-Dokumentationen die kontroverse Frage, ob Tesla eher ein „Nachahmer" war, der sich die Ideen anderer Wissenschaftler zunutze machte. Auch Teslas Beiträge zur Radiotechnologie sind von Bedeutung: Guglielmo Marconi erhielt zwar viel Anerkennung für die drahtlose Kommunikation, doch viele seiner Erfindungen basierten auf Teslas Arbeiten.

Zudem schuf Tesla den Induktionsmotor, der die Grundlage für moderne elektrische Antriebe bildet. Seine Entdeckungen im Bereich der elektrischen Resonanz und Gasentladungsröhren trugen auch zur Entwicklung von Fluoreszenzröhren und Neonlichtern bei.

Seine sogenannten Todesstrahlen und Schutzschirme, deren Funktionsweise bis heute angeblich nicht vollständig verstanden ist, sind ebenfalls bemerkenswert. Es wird spekuliert, dass Phänomene wie die mysteriösen "Schwarzen Strahlen" im Bermuda-Dreieck auf ähnlichen Technologien basieren könnten.

Auch die Fähigkeit, durch Resonanz Erdbeben zu erzeugen, gehörte zu Teslas Forschung. Er experimentierte zudem mit Anti-Gravitations- und Flugzeugtechnologie sowie medizinischen Anwendungen. Angeblich befestigte er ein kleines Gerät an einem Stahlträger eines Hochhauses und löste durch die erzeugte Resonanz ein lokales Erdbeben aus, das er erst stoppen konnte, indem er das Gerät mit einem Hammer zerstörte.

Es gibt wissenschaftliche Theorien, die besagen, dass es in der Atmosphäre eine Schicht gibt, die Energie speichert oder erzeugt. Diese „Ebene" wird als Ionosphäre bezeichnet und besteht aus geladenen Teilchen, die von der Sonne abgestrahlt und in die obere Atmosphäre gestreut werden. Die Ionosphäre beginnt in der Regel bei etwa 30 bis 50 Kilometern Höhe und erstreckt sich bis etwa 1.000 Kilometer, je nach Breitengrad und Jahreszeit.

Einige Forscher glauben, dass die Pyramiden von Gizeh möglicherweise als Antennen fungierten, die Energie aus der Ionosphäre aufnehmen und nutzen konnten. Zudem wird spekuliert, dass es in unserer Atmosphäre eine weitere Schicht geben könnte, die Energie speichert, überträgt oder erzeugt – möglicherweise in der gleichen Höhe wie Teslas Turm, auf den wir gleich zu sprechen kommen werden, oder die Pyramiden. Einige alternative Wissenschaftler behaupten sogar, diese seien einst als Kraftwerke genutzt worden.

Die Schwarze Pyramide in Alaska ist ein weiteres mysteriöses Beispiel hierfür. Diese angeblich 215 Meter hohe und über 200 Meter breite Struktur aus Basaltgestein soll so viel Energie erzeugen, dass sie ganz Alaska versorgen könnte.

Der Wardenclyffe Tower war eines von Nikola Teslas ambitioniertesten Projekten. Er beabsichtigte, Strom drahtlos über die Erde oder die Luft zu übertragen. Teslas Ansatz zielte darauf ab, die Effizienz der Energieübertragung zu maximieren, indem er den „Energieverlust" minimierte.

Im Gegensatz dazu „verlieren" traditionelle Stromtrassen etwa 90 % der Energie auf dem Übertragungsweg durch Wärme und Wandlungsverluste. Der Wardenclyffe Tower wurde tatsächlich in Betrieb genommen und konnte in Tests Lampen zum Leuchten bringen, die einfach in den Boden gesteckt wurden, was die Notwendigkeit für herkömmliche Strommasten weitgehend überflüssig gemacht hätte.

Leider wurde das Projekt nie vollständig abgeschlossen. Er wurde schließlich 1917 abgerissen, nachdem die Finanzierung durch J.P. Morgan und andere Investoren eingestellt worden war. Bestimmte Interessengruppen, die möglicherweise ein Monopol auf Energie anstrebten oder bereits besaßen, könnten Teslas Vision von freier, drahtlos übertragener Energie als Bedrohung angesehen haben. Somit blieb sein Traum leider unvollendet. Vielleicht wurde er zu Beginn auch sehr medienwirksam in Szene gesetzt, bis man merkte, dass seine Innovationen den Monopolen schaden würden. Sind wir hier vielleicht einer PsyOp aufgesessen?

Die Frage, ob die Strahlenkanonen der eventuell gebauten „Vrils" oder „Haunebus" (deutsche Flugscheiben) auf einem ähnlichen Prinzip basieren und ob die Schwarzen Strahlen im Bermuda-Dreieck auf einer verwandten, aber fortschrittlicheren Technik beruhen könnten, bleibt offen. Lesen Sie dazu gerne die Buchreihe „Mein Vater war ein MiB".

Henoch:

Henoch ist eine relativ wenig beachtete Figur, die sowohl in biblischen als auch außerbiblischen Texten Erwähnung findet. Im Buch Genesis des Alten Testaments wird er als der siebte Nachkomme von Adam und Eva sowie als Großvater von Noah beschrieben. Es heißt, dass er "Gott gefiel und mit Gott wandelte" (1. Mose 5,24).

In der jüdischen Tradition gilt er als Weiser und Prophet, der göttliche Offenbarungen empfing und mystische Erfahrungen machen durfte. Einige außerbiblische Texte, wie das Buch Henoch (auch bekannt als .1. Henoch oder Äthiopisches Henochbuch), beschreiben ausführlicher seine Begegnungen mit kosmischen Wesen und seine Visionen von Himmel und Erde. Dieses Buch ist in der äthiopisch-orthodoxen Kirche sowie in der äthiopisch-jüdischen Tradition Teil des kanonischen Schrifttums und erzählt, dass er von Gott in die Himmelswelt aufgenommen wurde.

In diesem Kontext spekulieren einige Theorien, dass Henoch tatsächlich von einem Raumschiff entführt bzw. auf eine Reise eingeladen wurde. Diese Idee wird oft im Rahmen der Ancient Aliens-Theorie diskutiert. Diese Theorie, auch bekannt als Prä-Astronautik oder Paläo-SETI (Search for Extraterrestrial Intelligence), besagt, dass intelligente außerirdische Wesen die Erde in der fernen Vergangenheit besucht haben und eine bedeutende Rolle in der Entwicklung der menschlichen Zivilisation spielten oder weiterhin spielen. Diese Theorie wurde durch Bücher, Fernsehsendungen und Dokumentationen populär gemacht, die behaupten, dass viele antike Bauwerke, Mythen und religiöse Texte Hinweise auf solche außerirdischen Besuche enthalten.

Laut dem Buch Henoch wurde er in den Himmel gebracht, wo ihm die Geheimnisse des Universums und die Pläne Gottes offenbart wurden. Diese Texte beschreiben detailliert, wie er die Erde und den Kosmos von oben sah und Einblicke in die Mechanismen des Universums erhielt. Er soll Engel getroffen haben, die ihm diese Geheimnisse erklärten und er wurde Zeuge von Orten und Ereignissen, die einem Menschen normalerweise nicht zugänglich sind.

Die Ancient Aliens-Theorie interpretiert diese Beschreibungen so, dass Henoch möglicherweise von außerirdischen Wesen in einem Raumschiff mitgenommen wurde. Anhänger dieser Theorie argumentieren, dass die Engel in Wirklichkeit außerirdische Besucher waren, die ihm fortschrittliche Technologien und Wissen zeigten.

Das Gerät, das ihn transportierte, könnte als Raumschiff angesehen werden, das ihn in die Umlaufbahn der Erde oder zu anderen Planeten brachte, um ihm das Universum aus einer Perspektive zu zeigen, die das damalige menschliche Verständnis überstieg.

Diese Annahme zieht Parallelen zu modernen Berichten über UFO-Entführungen, bei denen Menschen angeblich von außerirdischen Wesen an Bord ihrer Schiffe genommen und ihnen fortschrittliche Technologie oder fremde Welten gezeigt werden. In diesem Licht betrachtet, könnte Henochs Reise als eine der frühesten dokumentierten Begegnungen mit außerirdischen Wesen interpretiert werden.

Bezüglich Jona gibt es Spekulationen, dass auch er nicht unbedingt von einem Wal verschluckt wurde, sondern dass es sich möglicherweise um ein Raumschiff oder ein Unterseeboot handelte. Vielleicht war es sogar ein Gefährt, das sowohl im Weltraum als auch unter Wasser operieren konnte. Jona war drei Tage dort und es gab Licht, Wärme und andere Annehmlichkeiten. Diese Idee konnte ich im ersten Buch noch nicht aufgreifen, da es erst Zeit brauchte, bis diese Gedanken sich voll entfalten konnten – wie ein Samen, der erst reifen muss, bevor er aufgeht. Auch hier könnte die Ancient Aliens-Theorie angewendet werden: Anhänger dieser Überlegung argumentieren, dass Jona von einem solchen Raumschiff aufgenommen wurde, welches ihm Schutz und Obhut bot. In diesem Licht betrachtet, könnte seine Geschichte ebenfalls als eine Begegnung mit außer- oder innerirdischen Wesen interpretiert werden.

Weitere Unterstützung findet die Ancient Aliens-Theorie in verschiedenen antiken Kulturen, die von "Göttern" berichten, die vom Himmel herabstiegen und den Menschen Wissen und Technologie brachten. Aber dies wissen Sie bereits spätestens seit Band 1 „Vom Wesen der Illusion".

Pythagoras:

Der bedeutende griechische Mathematiker, Philosoph und Gelehrte, lebte im sechsten Jahrhundert vor Christus. Er ist vor allem für den nach ihm benannten "Satz des Pythagoras" bekannt, der das Verhältnis der Seiten eines rechtwinkligen Dreiecks beschreibt: In einem rechtwinkligen Dreieck ist das Quadrat der Hypotenuse gleich der Summe der Quadrate der beiden anderen Seiten.

Er und seine Anhänger haben wesentlich zur Entwicklung mathematischer Konzepte beigetragen, die als pythagoreische Theoreme bekannt sind. Diese umfassen unter anderem die Beziehungen zwischen den Seitenlängen von rechtwinkligen Dreiecken sowie die Identität $a^2 + b^2 = c^2$.

Darüber hinaus verband Pythagoras Mathematik mit Musik, indem er entdeckte, dass die Längen von Saiten auf Musikinstrumenten, wie der Lyra und der Kithara, bestimmte mathematische Verhältnisse einhalten müssen, um angenehme und harmonische Töne zu erzeugen. Diese Erkenntnis führte zur Entstehung der Pythagoreischen Stimmung, einem musikalischen Stimmungssystem, das die Grundlage für die Musiktheorie legte.

Die Lyra ist ein antikes Saiteninstrument, das in der griechischen Antike weit verbreitet war. Sie besteht aus einem resonierenden Korpus, der oft aus Holz gefertigt ist und zwei oder mehr Saiten, die über einen Steg gespannt sind. Sie wurde traditionell mit einem Plektrum gespielt und war für ihre angenehmen, harmonischen Klänge bekannt.

Die Kithara ist ein weiteres altes griechisches Saiteninstrument, das ähnlich wie die Lyra, aber größer und komplexer war. Sie hatte einen rechteckigen Korpus und wurde meist mit den Händen oder einem Plektrum gespielt. Sie wurde häufig bei feierlichen Anlässen und in der klassischen griechischen Musik verwendet und galt als ein Symbol für Kunst und Kultur.

Zusätzlich gründete er eine Gemeinschaft oder Lehranstalt, die als pythagoreische Schule bekannt ist. Diese legte den Grundstein für die systematische Erforschung von Mathematik und Philosophie und vermittelte auch spirituelle sowie ethische Lehren. Während seiner

Forschungen stieß Pythagoras auf das Konzept der irrationalen Zahlen, als er die Diagonale eines Quadrats vermaß. Die Entdeckung von Zahlen wie der Wurzel aus 2, die sich nicht als Bruch darstellen lässt, war revolutionär für die damalige Mathematik.

Er trug auch zur Entwicklung von Ideen über das Universum bei, indem er mathematische Beziehungen zwischen den Himmelskörpern betrachtete und an das Konzept der Sphärenharmonie glaubte. Die Vorstellung, dass das gesamte Universum durch Klänge und Töne erklärt werden könnte, war bahnbrechend. Das Konzept der "Music of the Spheres" besagt, dass jeder Planet im Universum eine eigene einzigartige Frequenz oder einen Ton hat, der sich mit anderen Planeten synchronisiert und so eine harmonische Musik im All erzeugt.

Pythagoras glaubte daran, dass Musik im Einklang mit der Mathematik stehen sollte. Er entwickelte die Notenschrift und eine musikalische Theorie, die auf mathematischen Prinzipien basiert. Sie wird als Pythagoreische Musiktheorie bezeichnet und hat die Art und Weise verändert, wie wir Musik verstehen.

Es wird vermutet, dass die Pyramiden von Gizeh mit der Pythagoreischen Musiktheorie in Verbindung stehen könnten. Tatsächlich wurde bei deren Erforschung festgestellt, dass sie nicht nur in der Lage sind, Schallwellen zu reflektieren, sondern auch eine spezielle akustische Resonanz erzeugen, die eine ungewöhnlich starke Wirkung auf den menschlichen Körper hat.

Pythagoras lernte von einem Schmied namens Kallikles, wie man Klänge aus verschiedenen Materialien erzeugt. Diese Erfahrung trug möglicherweise dazu bei, dass er erkannte, wie Musik und Mathematik miteinander verbunden sind. In der griechischen Mythologie wird erzählt, dass Apollo, der Gott der Künste, insbesondere der Musik, ihm so manches Geheimnis darüber beibrachte.

Saint Germain:

Er ist auch bekannt als der Graf von Rákóczi und trat im 17. und 18. Jahrhundert verstärkt in Europa auf, wo er oft in höchsten adligen Kreisen verkehrte. Sein Ziel schien es gewesen zu sein, das Bewusstsein dieser Menschen zu erweitern. Berichten zufolge soll eine Königin ihn bereits im Kindesalter von sieben Jahren gesehen und später, als sie 70 Jahre alt war, erneut getroffen haben. Sie behauptete, er sei keinen Tag gealtert.

Es wird auch gesagt, dass er niemals in Anwesenheit anderer gegessen haben soll und oft mit Diamanten oder anderen wertvollen Steinen bezahlte. Sein Geburtsdatum wird auf etwa 1683 geschätzt und sowohl Napoleon als auch Hitler sollen nach ihm gesucht haben. Legenden zufolge geht er alle 30 Jahre unter die Erde oder in die Halle von Amenti und hält sich möglicherweise oft in Shambhala auf.

Saint Germain wird als spiritueller Meister verehrt, der Menschen in vielen Lebensbereichen unterstützt. Er hilft, sich von emotionalen Fesseln zu befreien – zum Beispiel, wenn man in toxischen Beziehungen feststeckt oder alte Verletzungen loslassen möchte. Er ermutigt dazu, negative Glaubenssätze wie "Ich bin nicht gut genug" zu überwinden und unterstützt dabei, den eigenen freien Willen und die Fähigkeit zur Selbstbestimmung zu stärken.

Er wird auch als Helfer beim Auflösen von Karma gesehen, indem er Wege zeigt, wie man negative Muster aus der Vergangenheit loslassen kann. Zudem inspiriert er Menschen, tiefere Selbsterkenntnis zu erlangen, was zu positiven und nachhaltigen Veränderungen in deren Leben führen kann – sei es beruflich, emotional oder in der persönlichen Entwicklung.

Auch bei der Arbeit mit Energien und Heilung wird ihm eine große Rolle zugeschrieben. Beispielsweise soll er helfen, Blockaden in den Chakren zu lösen und den Energiefluss im Körper auszugleichen. Dies kann sowohl körperliches als auch emotionales Wohlbefinden fördern. In Meditationen unterstützt er viele Menschen dabei, ihre innere Balance zu finden und ihr Bewusstsein zu erweitern, sodass sie sich stärker mit ihrer inneren Weisheit und der Gegenwart verbinden können.

Er gehört zu den aufgestiegenen Meistern – spirituelle Wesen, die für ihre Opferbereitschaft, ihre Entbehrungen und ihr Engagement für die Menschheit bekannt sind. Diese Meister umfassen bekannte Figuren wie Jesus und Mutter Maria (christliche Tradition), Buddha Gautama und Maitreya (buddhistische Tradition), Laotse (taoistische Tradition), Mohammed (islamische Tradition), Hermes Trismegistos Thot (ägyptisch-hermetische Tradition) sowie Kuthumi und El Morya (theosophische Tradition) – und viele, viele weitere.

Saint Germain wird oft mit der Violetten Flamme in Verbindung gebracht, einem spirituellen Werkzeug zur Transformation negativer Energien in positive. Anhänger glauben, dass diese Flamme hilft, das Karma zu reinigen und spirituelles Wachstum zu fördern.

Die Legenden um Saint Germain betonen seine mysteriöse und scheinbar unsterbliche Natur. Er wird oft als Alchemist, Magier und Heiler beschrieben, der über tiefes Wissen und außergewöhnliche Fähigkeiten verfügt oder verfügte. Einige Geschichten erzählen von seinen angeblichen Reisen durch die Zeit und seine Verbindungen zu geheimen esoterischen Gesellschaften.

Vom Wesen der Erde

Im letzten Buch ging es unter anderem auch um den Mond. Wissen Sie mittlerweile, in wessen Hand der Trabant ist? Kennen Sie sein wahres Aussehen? Wie verhält es sich mit den Kratern dort? Die Krater auf Luna haben, wie im letzten Band bereits erwähnt, oft nicht nur ähnliche Durchmesser, sondern auch eine maximale Tiefe. Als wäre eine feste oder metallene Barriere vorhanden. Interessanterweise klang der Mond nach dem Aufprall einer Sonde darauf stundenlang wie eine Glocke nach. Dieses Phänomen ist auf der Erde unbekannt, obwohl auch sie manchmal klingelt oder hallt.

Der Mond kann eigentlich keine Kugel sein, da eine solche Licht nicht so reflektiert, wie es der Mond tut. Perfekte Lichtreflektoren sind Hohlspiegel oder Kegel, aber keine Kugeln. Leuchten Sie doch einmal eine Kugel mit einer Taschenlampe an und achten Sie auf das zurückgeworfene Licht. Welches Licht, fragen Sie? Ja genau, das simulierte, aber merkwürdiger Weise nicht zurückgeworfene Sonnenlicht! Uns wird gesagt, dass dieses vom Mond reflektiert wird, was auch die wissenschaftliche Erklärung ist. Wenn das Sonnenlicht aber tatsächlich den Mond zum Strahlen bringt, wie behauptet, dann müsste die Oberfläche des Mondes anders geformt sein. Wenn Sie „Was in aller Welt ist passiert" von Chnopfloch gesehen haben, hätten Sie bereits reichlich Bildmaterial dazu und könnten dieser Überlegung besser folgen.

Außerdem könnte sich bei einer Sonnenfinsternis keine Korona bilden, wenn Sonne und Mond unterschiedliche Größen aufwiesen. Die Korona ist die leuchtende Hülle der Sonne oder eines anderen Himmelskörpers und besteht aus ionisiertem Gas, das normalerweise unsichtbar ist. Nur während einer Sonnenfinsternis, wenn der Mond das Sonnenlicht blockiert, wird sie erkennbar. Wussten Sie, dass es Mondfinsternisse gab, bei denen gleichzeitig die Sonne schien? Nach unserem derzeitigen Verständnis der Astronomie scheint dies jedoch unmöglich.

Gehen wir nun aber zum Polarstern. Sie sehen, wir nähern uns immer mehr der Erde an! Laut dem aktuellen Weltbild dreht sich die Erde um die Sonne, die sich wiederum durch die Galaxie bewegt, die sich ihrerseits dreht. Das bedeutet ständige Bewegung, gekoppelt mit ständiger Rotation. Der Polarstern hingegen scheint festzustehen – immer und unveränderlich. Wie kann das sein?

Wenn sich alles in einer dreidimensionalen Drehbewegung befindet, dürfte es keinen festen Stern am Firmament geben, um den sich alle Planeten (Wanderer) bewegen. Doch darauf werden wir später noch zurückkommen. Dies erschwert auch die Vorstellung, dass sich Sternenkonstellationen alle 26.000 Jahre exakt wiederholen könnten.

Seit der angeblichen Entdeckung Amerikas durch Christoph Kolumbus und der Fehde von Kopernikus mit der katholischen Kirche wird uns die Erde als eine Kugel dargestellt, umgeben von einer Atmosphäre in einem luftleeren Raum. Aber was, wenn das nicht stimmt? Vielleicht haben Sie schon von den „Flatearthern" gehört? Das sind Menschen, die an eine flache Erde glauben. Oder hörten Sie bereits etwas von den Legenden oder Theorien der „Hohlwelt"?

Hier haben wir wieder zwei Parteien, die sich „bekämpfen", ohne dass klar ist, wer recht hat. Lacerta, eine angebliche Reptiloidin, die in einem hochspannenden, aber kaum bekannten Interview aufgetreten ist, behauptet, dass es verschiedene Blasen, Ebenen und Dimensionen gibt. In diesem Interview, das im Internet und in der Buchreihe „Mein Vater war ein MiB 1" zugänglich ist, beschreibt sie, wie diese Dimensionen miteinander interagieren und möglicherweise von fortgeschrittenen Kulturen genutzt werden. Lacertas Aussagen haben großes Interesse geweckt und führen zu zahlreichen Spekulationen über die Natur der Erde und die Existenz fortschrittlicher außerirdischer und innerirdischer Zivilisationen.

Wie auch im letzten Band schon erwähnt, berichten alle Kulturen von einer Sintflut. Wie Sie aus "Mein Vater war ein Men in Black" bereits wissen oder bald erfahren werden, hat die Erde im Innern zehnmal mehr Wasser als alle Ozeane auf der Oberfläche zusammen. Dieses Wasser, kombiniert mit Meteoriteneinschlägen, die jedoch nicht unbedingt gleichzeitig stattgefunden haben müssen, hat die Erdoberfläche extrem verändert.

Der Meeresspiegel war mindestens 30 Meter tiefer. Der angebliche Auslöser für den Kataklysmus war ein Atomkrieg zwischen Atlantis und Athen. Falls Sie an weniger bekannten Aspekten der römischen Geschichte interessiert sind, empfehle ich die Dokumentation „Shadow Rome" von AEWAR auf YouTube, die auf spannende Weise verborgene Seiten des Römischen Reiches beleuchtet.

Dieser Atomkrieg war angeblich so verheerend, dass er die Eiszeit auslöste, riesige Tsunamis verursachte und dafür sorgte, dass sich die Kontinentalplatten komplett verschoben haben. Die Tibeter besitzen alte Aufzeichnungen darüber, dass Tibet einst an der Küste lag und dass das Himalaya-Gebirge innerhalb von Minuten, wenn nicht sogar Sekunden, entstanden ist. Das würde dann auch die Muschelfunde dort erklären. Aber was zur Hölle ist da wirklich passiert?

Die Tsunamis von damals könnten durch ihre Flutwellen auch Tiefseebewohner an Land gespült haben, die dann von Schlamm oder Asche bedeckt wurden und zu unseren heutigen Fossilien wurden. Lesen Sie hierzu bitte "Mein Vater war ein Men in Black 2", dort wird auf unsere „Evolution" eingegangen. Ebenfalls können Sie diesbezüglich die Dokumentation von Chnopfloch über die Schlammflut anschauen.

https://www.youtube.com/watch?
v=yoVy1lnv_No&ab_channel=Chnopfloch

Viele Gebäude sind bis zu eineinhalb Stockwerke tief im Schlamm versunken. Bis heute ragen oft nur noch ein Drittel der Fenster des ersten Stockwerks aus der Erde heraus. Warum sollte jemand so etwas bauen?

Hier muss sich mutmaßlich auch in jüngerer Zeit eine größere Flut ereignet haben. Wenn wir von Fluten sprechen, denken wir meist an gigantische Wassermassen. Aber was, wenn mit Fluten auch massive Schlammanspülungen gemeint sind?

Das heißt, wir sollten in überlieferten Texten genau differenzieren, um welche Art von Flut es sich handeln könnte. Natürlich können auch große Überschwemmungen Massen an Schlamm mit sich führen und dieser würde sich dann irgendwo absetzen. Allerdings würde man dann auch Spuren von Wasser an den Gebäuden erwarten. Vielleicht wurden diese jedoch nur gut renoviert. Stöbern Sie gerne bei Chnopfloch und wählen Sie das für Sie Interessante aus. Ich wünsche Ihnen viel Freude beim Erkunden und Entdecken.

Schlusswort

Es gibt „Verschwörungstheorien", die behaupten, dass Kondensstreifen von Flugzeugen (sogenannte Chemtrails) absichtlich Chemikalien enthalten, um die Bevölkerung zu beeinflussen. Eine Theorie bleibt jedoch nur so lange eine Theorie, bis sie bewiesen wird.

Ist Ihnen aufgefallen, dass der „Pumuckl" aus den Filmen der 80er-Jahre mit seinen roten Haaren, dem gelben T-Shirt und der grünen Hose stark an die Farben einer Verkehrsampel erinnert? Es ist spannend, sich zu fragen, ob diese Farbwahl rein zufällig war oder ob sie bewusst gewählt wurde, um eine Assoziation mit dem Ampelsystem zu schaffen und Kinder schon früh auf dessen Signale zu konditionieren.

Wenn wir über subtile Manipulationen in unserem Alltag nachdenken – sei es durch Werbung, soziale Medien oder die Gestaltung unserer Umgebung – erkennen wir, wie sehr solche Einflüsse unser Verhalten und unsere Entscheidungen beeinflussen. Die Farben und Formen, die in der Werbung eingesetzt werden, sind nicht zufällig gewählt. Sie prägen unsere Kaufentscheidungen oft unbewusst und steuern, welche Produkte wir als ansprechend empfinden. Auch die Algorithmen der sozialen Medien sind so gestaltet, dass sie unsere Aufmerksamkeit fesseln und uns in bestimmte Denkmuster lenken oder uns davon abhalten, förderliche Denkmuster zu erkennen. Solch gezielte Beeinflussung könnte unsere Wahrnehmung der Realität massiv verzerren.

Wenn uns jedoch bewusst wäre, dass wir manipuliert werden, würden wir vielleicht unser Verhalten hinterfragen und uns dagegen wehren. Diese Erkenntnis könnte ein erster Schritt zu mehr Selbstbestimmung und Unabhängigkeit sein.

Der wichtigste Aspekt des Lebens ist das Sein. Es gibt, wie bereits erwähnt, verschiedene Ebenen des Daseins oder verschiedene Dimensionen des Bewusstseins. Ein weiterer bedeutender Aspekt ist der Atem des Lebens, auch bekannt als "Lebenshauch", der wieder oft unbewusst als selbstverständlich hingenommen wird, aber dennoch von entscheidender Bedeutung und lebensnotwendig ist.

Ein tiefes Einatmen ist im Sitzen gut möglich, doch im Liegen oder Stehen gelingt es noch besser. Wenn wir uns wirklich nur auf den Atem konzentrieren, können wir dabei nicht denken. Das bedeutet, wir sind einfach nur im *JETZT*. Das Geheimnis der Meditation liegt nicht darin, in spirituellen Sphären zu schweben – das kommt eventuell später – sondern darin, den Affengeist zum Schweigen zu bringen. Und hier ist das Geheimnis, merken Sie es sich bitte gut: Wenn wir meditieren oder uns nur auf unseren Atem fokussieren, können wir nicht gleichzeitig gedanklich aktiv sein. Das Nicht-Denken ist tausendmal besser als die negativen Gedanken, die wir bewusst oder unbewusst haben. Die Atmung sollte etwa 5 cm unterhalb des Bauchnabels beginnen und enden. Versuchen Sie es ruhig bewusst für ein paar Minuten selbst aus!

Wussten Sie, dass wir im Laufe eines Tages etwa 60.000 Gedanken hegen? Es ist interessant zu überlegen, wie viele davon positiv und wie viele eher negativ sind. Wenn die Mehrheit dieser Gedanken positiv ist, ist alles gut. Konzentrieren Sie sich in Momenten negativer Gedanken einfach auf Ihren Atem. Abraham und Esther Hicks empfehlen, in den „Vortex" zu gehen, um wieder zu positiver Energie zu finden bzw. um ins Gleichgewicht zu kommen.

Wissen Sie, welch ein großer Segen es ist, auf dieser Erde leben zu dürfen? Oft nehmen wir das als selbstverständlich hin. Als „herrschende" Ethnie sind wir aktuell vermutlich auch keiner offensichtlichen Bedrohung ausgesetzt, zumindest nicht offiziell. Dennoch leben in einer Handvoll Erde mehr Organismen, als es Menschen auf dem gesamten Planeten gibt. Vielleicht sind wir doch eine etwas fragilere Lebensform?

Das Aufwachen nach einem tiefen, festen Schlaf kann sehr anstrengend, mühsam oder stressig sein. Doch es ist genau diese Herausforderung, die uns bewusst macht, wie wertvoll und segensreich das Leben auf dieser Erde ist. Seien Sie dankbar für jeden neuen Tag und die Möglichkeiten, die er bietet. Nehmen Sie sich die Zeit, weiter zu blättern, zu forschen und zu entdecken. Denn die Reise des Wissens und der Selbsterkenntnis ist endlos und immer lohnenswert.

Bildempfehlungsliste

- Stonehenge, United Kingdom

- Puma Punku, Bolivien

- Pyramiden von Gizeh, Ägypten

- Angkor Wat, Kambodscha

- Gate of the Gods, Peru

- Pyramide von Sahure, Ägypten

- Red Rock Mountains, Nevada, USA

- Stones of Stenness, Schottland

- Usselo Horizont, Niederlande bzw. weltweit

- Newspaper Rock, Utah, USA

- Anatolische Höhlen, Kappadokien, Türkei

- Baalbek, Libanon

- Lava Beds National Monument, Tulelake, Kalifornien, USA

- Sacsayhuamán, Peru

Videolinks

AEWAR mit „The Mysteries of the Cathedrals“:

https://www.youtube.com/watch?
v=ByV0p1S7xlE&ab_channel=AEWAR

- **AEWAR mit „Schatten-Rom“:**

https://www.youtube.com/playlist?
list=PLlDBMvp9Z6I7xsuYc0_1zsCggRUjYR_ye

- **Chnopfloch mit „Was in aller Welt ist passiert“:**

https://odysee.com/
$/playlist/04e262a2392a285f1ccca5115ce2e0cfcde7aea1

oder in seinem Telegramm-Kanal

- **Chnopfloch mit „Die Schlammflut und die dreitägige Finsternis“:**

https://www.youtube.com/watch?
v=yoVy1lnv_No&ab_channel=Chnopfloch

- **UkRider mit „Es gibt keine Wälder auf der Erde“:**

https://odysee.com/@Uk-Rider:a/VID_20231225_160407_528:d

- **Peter Ferreira mit „Wasser und Salz“:**

https://odysee.com/@Truth:71/Wasser-und-Salz-Peter-Ferreira:8

AEWAR mit „The LIVING WATERS of Christianity“:

https://www.youtube.com/watch?v=dPanqk4e4kY

Videolinks/Links/Quellen

- **Astral Legends TV mit „Anunnaki":**

https://www.youtube.com/watch?v=uF2evAhZRcQ

https://www.youtube.com/watch?v=jM-1cMNqw8Y&ab_channel=AstralLegendsTV

- **Terra Infiniti Karte:**

https://archive.org/details/terra-infinita-nos-confunden

- **#Mentale Zuflucht mit „40 seltsame Bäume, von...":**

https://www.youtube.com/watch?v=LMH92LoxVtk&ab_channel=%23MentaleZuflucht

- **Quellenangaben zum Usselo-Horizont:**

https://atlantisforschung.de/index.php?title=Der_Usselo-Horizont:_Eine_weltweite_holzkohlereiche_Schicht_der_Aller%C3%B6d-Zeit

https://atlantisforschung.de/index.php?title=Eine_holzkohlereiche_Schicht_spricht_B%C3%A4nde

Ein verstecktes Kapitel

Bitte lesen Sie das erst, wenn Sie alle Links durchgeklickt und angeschaut haben!!!

Das große Ganze

Achtung, jetzt wird es tiefgründig und vielschichtig! Was wäre, wenn unsere Umgebung und unsere Erde viel, viel größer wären, als wir bisher angenommen haben oder uns beigebracht wurde? Und was, wenn wir tatsächlich unter einer Art Kuppel leben würden? Ich möchte Ihnen die Videos von AEWAR und Chnopfloch, der diese übersetzt hat, erneut sehr ans Herz legen.

Denken Sie an das Prinzip "wie oben, so unten; wie unten, so oben". Stellen Sie sich vor, wir leben in einer gigantischen Zelle – und ich meine wirklich gigantisch! In dieser Zelle befinden sich „Elektronen", „Mitochondrien" oder „Blasen", die sich auf verschiedenen Höhenebenen und Kreisbahnen bewegen. Lacerta sprach von Blasen, Ebenen und Dimensionen, die in enger Beziehung zueinander stehen. Eine Zusammenfassung davon finden Sie in "Mein Vater war ein MiB 1".

Nehmen wir an, diese Blasen, Zellen oder Mitochondrien bewegen sich auf unterschiedlichen Stufen, umgeben von einem Fluid oder innerhalb eines solchen. Dies könnte die Bewegungen der Planeten, der sogenannten „Wanderer", erklären. Jede Blase bewegt sich auf ihrer eigenen Bahn oder Stufe und hat eigene Schichten, die als Ebenen bezeichnet werden können. Dieses Konzept könnte somit auch die Idee der Hohlwelt unterstützen.

Blasen, Ebenen und Schichten

Tatsächlich könnte auch jeder Himmelskörper für sich genommen eine eigene Blase oder Kuppel darstellen. Diese Vorstellung ermöglicht es, das Universum als ein komplexes Netzwerk von miteinander verbundenen, aber dennoch individuellen Räumen zu sehen.

Nach dem zweiten Hauptsatz der Thermodynamik streben abgeschlossene Systeme danach, einen Zustand maximaler Entropie zu erreichen. Das könnte bedeuten, dass die Atmosphäre eines Planeten ohne eine Art Abgrenzung, Blase oder Kuppel allmählich entweichen würde. Wie bereits erwähnt, hat jedes System oder jede Kuppel gleichzeitig auch mehrere Ebenen. Möglicherweise leben nur die mutierten Wesen auf diesen äußeren Schichten, während sich fortschrittlichere Zivilisationen aus Sicherheits- und Schutzgründen unterirdisch angesiedelt haben. Dies könnte erklären, warum wir angeblich keine hochentwickelten Lebensformen auf den Oberflächen anderer Planeten finden.

Was wäre, wenn wir – also die gesamte bekannte große Blase mit den 178 oder 179 Kuppeln oder Eisringen darin – nur eine einzige Zelle von Gott oder dem „Weltenriesen" darstellen würden? Der Gedanke, nur ein winziger Bestandteil dieser Zelle zu sein, lässt die Demut immens wachsen. Da die Kuppeln oder kleineren Blasen in diesem System relativ frei beweglich sind, könnte es sein, dass deren Annäherung oder ein Zusammenstoß zu massiven geologischen Veränderungen führt. Solche Ereignisse könnten vergangene Katastrophen erklären, wie etwa das plötzliche Aussterben der Dinosaurier, extreme Klimaänderungen in der Erdgeschichte oder das Auf- und Absteigen ganzer Kontinente.

Die Kugel und die Blasen

Nehmen Sie bitte einen Gymnastikball oder stellen Sie sich diesen vor. Zeichnen Sie nun in Gedanken oder real einen kleinen Kreis auf der Oberfläche ein – in diesem Kreis leben wir! Daher erscheint die Oberfläche für uns eben und flach. Auf dem Ball wäre aber noch Platz für viele weitere Kreise, oder? Jeder Kreis, jede Blase, Kugel oder Kuppel könnte eine oder mehrere Sonnen bzw. Monde innerhalb haben. Die *Terra Infiniti*-Karte von Nos Confunden könnte dies veranschaulichen und ist als Link hinterlegt, sodass Sie sie bereits gesehen haben sollten. Da unsere Welt viel größer ist und wie Zellen aufgebaut sein könnte, gäbe es äußere und innere Schichten. Die Krümmung wäre so gering, dass wir sie auf unserer Ebene nicht wahrnehmen würden, weshalb die Erde für uns flach erscheint.

Das bedeutet, wir könnten die Hohlwelttheorie und die flache Erde-theorie in Einklang bringen. Auch die Planetenlaufbahn (inklusive Nibiru oder Planet X) würde in diesem System einen Sinn ergeben. Der Polarstern könnte demnach die oberste Öffnung unserer Blase oder Kuppel darstellen – ähnlich der dünnsten Stelle auf dem Kopf eines Neugeborenen.

Wenn wir unseren eigenen Körper betrachten, entdecken wir, dass er zu einem Großteil aus Mikroben und Bakterien besteht, die mehr als die Hälfte der Zellenanzahl ausmachen. Diese Mikroben sind physisch, aber unser Körper enthält möglicherweise auch immaterielle Aspekte wie Energie- oder Aura-Felder, die über das Physische hinausgehen. Wenn wir uns vorstellen, wir wären ein Gott, der eine einzelne Zelle in diesem Körper beobachtet, könnte diese Zelle ein Modell für eine größere Kuppel, Blase oder ein umfassenderes System darstellen, das sowohl physische als auch immaterielle Dimensionen beinhaltet.

Geologische Veränderungen der Vergangenheit

Da die Blasen in diesem System relativ frei beweglich sind, könnten Annäherungen oder Kollisionen massive geologische Veränderungen verursachen. Solche Zusammenstöße könnten, wie vorhin erwähnt, vergangene Ereignisse erklären, wie etwa das plötzliche Aufsteigen von Gebirgen oder das Verschwinden ganzer Landmassen, die sich in kürzester Zeit ereignet haben sollen. Stellen Sie sich vor, Sie gießen sprudelndes Mineralwasser in ein Glas: Die Bläschen darin tanzen frei, prallen spielerisch aufeinander, wirbeln lebhaft umher und steigen schließlich auf. Wenn diese Bläschen aneinanderstoßen, können sie sich in einem zarten Sprühnebel auflösen und dabei kleine

Wellen erzeugen – in ähnlicher Weise würden auch die Blasen in unserem System agieren, allerdings in einem viel langsameren und größeren Maßstab sowie in weniger fragiler Form.

Federschmuck als kulturelles Erbe

Der Federschmuck der Indianer könnte darauf hinweisen, dass sie sich von den „fliegenden Göttern" inspirieren ließen. Das einzige Naturmaterial, das ihnen zur Verfügung stand und dem sie Bedeutung beimaßen, waren die Federn von Vögeln – abgesehen von Schmetterlingsflügeln, die man jedoch nicht verwenden konnte, ohne dem Tier zu schaden. So tragen die Anführer der Stämme vielleicht den schönsten und prächtigsten Federschmuck, um ihre Verbindung zu diesen „Göttern" zu symbolisieren.

Außerirdische Entitäten

Es gibt Berichte über außer- bzw. innerirdische Wesen, die sich von Blut, Drüsen und Gewebe ernähren oder diese Substanzen über die Haut aufnehmen. Könnte es sein, dass die Menschheit deshalb in Kriegen verhaftet bleibt, damit diese Entitäten immer genügend Nahrung haben? Wohin verschwinden sonst die vielen Soldaten, Menschen und Kinder? Auch die massenhaften Verstümmelungen von Kühen sind doch mehr als seltsam. Interessanterweise scheinen diese Vorfälle seit der Entwicklung von künstlichem Blut zurückgegangen zu sein.

Zeit als Lebewesen

Stellen Sie sich vor, die Zeit selbst wäre ein Lebewesen, das sich ausdehnt und zusammenzieht, als ob es „atmet". Daher ist sie relativ und hängt vom Beobachter oder seiner Position ab. In der Quantenphysik gibt es die Vorstellung, dass alle Begebenheiten gleichzeitig existieren oder passieren. Die Zeit hingegen sortiert und ordnet diese Ereignisse, sodass sie in einer bestimmten Reihenfolge eintreten. Ohne die Zeit würden sich alle Vorgänge sofort manifestieren und die

Welt wäre in einem Zustand ständiger und chaotischer Veränderung. Sie fungiert quasi als Ordnungssystem. Wenn im Universum jedoch alles einen Gegenpol hat, könnte die Zeit ein „Geschwisterlein" haben – vielleicht die „Minus-Zeit", in der alles rückwärts läuft. Wie genau das aussehen würde, bleibt schwer vorstellbar, aber der Gedanke regt definitiv zum Nachdenken an.

Marsgesicht

Das sogenannte Marsgesicht, eine stark diskutierte und umstrittene geologische Formation auf dem Roten Planeten, wird von einigen als bedeutungsvolles Relikt der Anunnaki betrachtet – jene Götter, die in alten sumerischen Texten beschrieben werden und angeblich die Erde besuchten. Laut bestimmten Interpretationen und alternativen Geschichtstheorien könnte diese Struktur eine monumentale Erinnerung oder ein Denkmal für den Anunnaki Alalu sein, der einst von Anu besiegt wurde, von Nibiru fliehen musste und dabei die Erde sowie deren Goldvorkommen entdeckte, die essenziell für das Überleben von Nibiru waren. Alalu soll der Erste gewesen sein, der die Erde besuchte, bevor er später im Exil auf dem Mars verstarb – und zu dessen Gedächtnis möglicherweise deshalb dort das Marsgesicht errichtet wurde.

Diese Theorie verleiht der Formation eine tiefere, mythologische Bedeutung und verbindet die uralten Geschichten der Anunnaki mit den modernen Entdeckungen auf dem Roten Planeten. So könnte das Marsgesicht nicht nur ein „geologisches Wunder" sein, sondern auch ein Symbol für die geheimnisvolle und lange Geschichte der Interaktionen zwischen außerirdischen Wesen und der Menschheit.

Die letzte Schlacht

Stellen Sie sich vor, eine Menschheit, inspiriert von Enthüllungen, tritt plötzlich in einen vereinten Krieg ein. Ausgestattet mit hochentwickelter Technologie, die uns heute kaum vorstellbar erscheint, hat sie sich über Jahrtausende hinweg durch Kriege, Kriegsspiele und

Simulationen auf diesen entscheidenden Moment vorbereitet und ihre Fähigkeiten in diesem Bereich extrem optimiert.

Visualisieren Sie nun, wie diese vereinte Menschheit nicht allein in den Kampf zieht. Sie ist Teil eines Netzwerks von über 170 Kuppeln oder Blasen, die sich über den gesamten „Planeten" oder die „Zelle" erstrecken und zusammengeschlossen haben, um gemeinsam gegen eine Vielzahl von Bedrohungen vorzugehen. Zu diesen Bedrohungen zählen möglicherweise unter anderem die Dracos, die Greys, die Archonten und die Demiurgen.

Eine neue Zeit

Diese wird kommen und darauf sollten wir vorbereitet sein. Ich empfehle Ihnen erneut die „Mein Vater war ein MiB"-Reihe, da sie eine Fülle an Informationen enthält, auch wenn diese schwer zu glauben sein mögen. Es wird zunehmend wichtig, unser Bewusstsein, unsere Schwingung und unser Denken zu erhöhen. Der Übergang in die neue Welt wird für jene leichter sein, die sich ihrem Karma und der Bewusstwerdung widmen.

Die Kluft zwischen positiven und negativen Entwicklungen von Menschen wird sich weiter vergrößern. Personen auf einem bejahenden Pfad werden immer stärkere positivere Erlebnisse haben, während jene auf einem ablehnenden Weg weiterhin negative Situationen anziehen werden. Bestimmt machen auch Sie solche Beobachtungen in Ihrem familiären, freundschaftlichen oder Bekanntenkreis.

Wir werden jedem, der durch die Hände der Kabale, Illuminaten, Freimaurer oder anderer Geheimgesellschaften gefallen ist – sei es durch Herzinfarkte, Autounfälle oder andere „unglückliche" Ereignisse – ein Denkmal errichten. Ihr Andenken werden wir wahren und sie in Ehren halten. Da das Jahr nur 365 Tage hat und die Anzahl der Opfer bei weitem höher ist, wird es leider nicht möglich sein, jedem einen eigenen Feiertag zu widmen.

Abschließend möchte ich Sie ermutigen, weiter zu forschen, zu hinterfragen und die Welt mit neuen Augen zu sehen. Möge dieses Buch dazu beitragen, dass Sie mehr Fragen stellen, als Antworten zu finden und dass Sie stets bereit sind, die Wunder und Geheimnisse des Universums zu entdecken. Bleiben Sie neugierig und offen für neue Perspektiven. Denn das Geheimnis des Lebens liegt oft nicht in den Antworten, sondern in den Fragen, die wir stellen. Möge Ihr Weg voller Erkenntnis und Inspiration sein!

Ihr Michael Ackermann